立国防之志 走未来军官之路

天平的砝码
当今世界军事热点
TIANPING DE FAMA

未来军官之路丛书
WEILAI JUNGUAN ZHILU CONGSHU

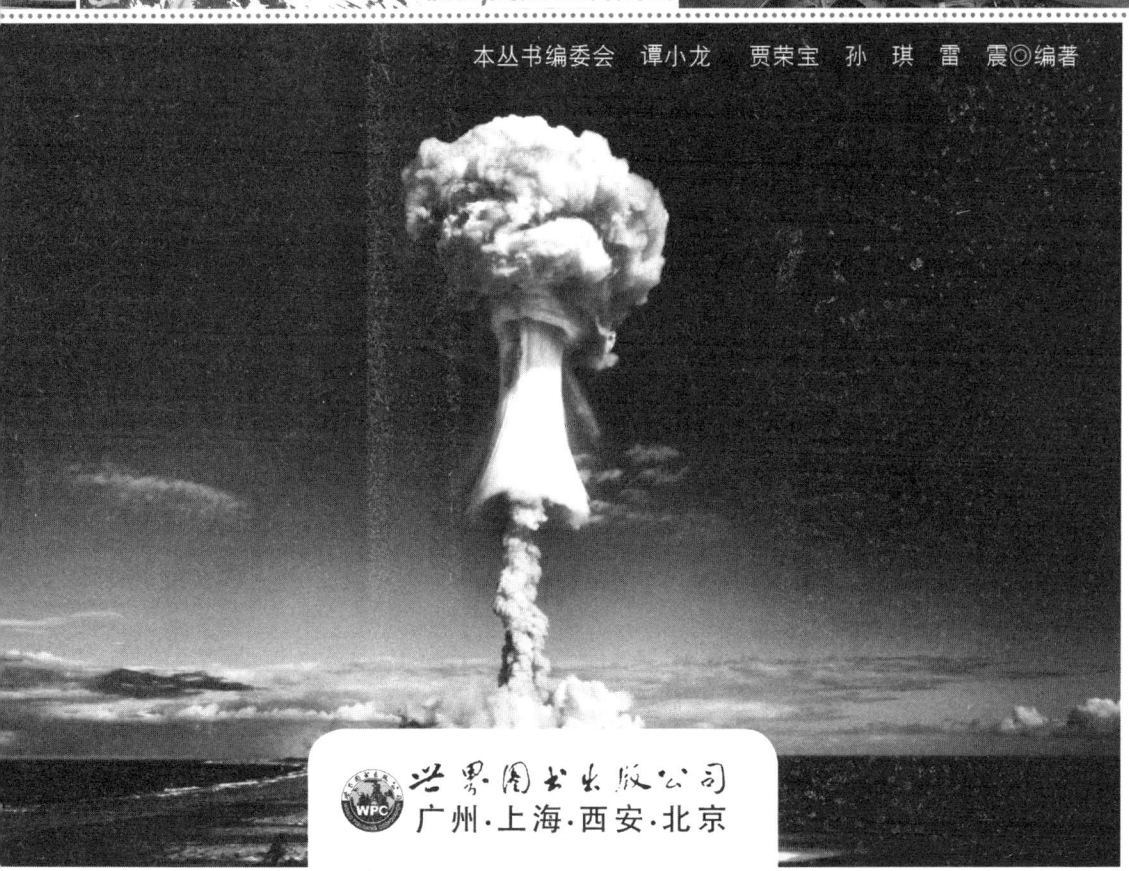

本丛书编委会 谭小龙 贾荣宝 孙琪 雷震 ◎ 编著

世界图书出版公司
广州·上海·西安·北京

图书在版编目（CIP）数据

天平的砝码：当今世界军事热点/《未来军官之路丛书》编委会编著. —广州：广东世界图书出版公司，2009.12（2021.11重印）

（未来军官之路丛书）

ISBN 978-7-5100-1464-2

Ⅰ. ①天… Ⅱ. ①未… Ⅲ. ①军事-世界-青少年读物 Ⅳ. ①E1-49

中国版本图书馆 CIP 数据核字（2009）第 216981 号

书　　名	天平的砝码：当今世界军事热点
	TIAN PING DE FA MA DANG JIN SHI JIE JUN SHI RE DIAN
编　　者	《未来军官之路丛书》编委会
责任编辑	刘国栋
装帧设计	三棵树设计工作组
责任技编	刘上锦　余坤泽
出版发行	世界图书出版有限公司　世界图书出版广东有限公司
地　　址	广州市海珠区新港西路大江冲 25 号
邮　　编	510300
电　　话	020-84451969　84453623
网　　址	http://www.gdst.com.cn
邮　　箱	wpc_gdst@163.com
经　　销	新华书店
印　　刷	三河市人民印务有限公司
开　　本	787mm×1092mm　1/16
印　　张	13
字　　数	160 千字
版　　次	2009 年 12 月第 1 版　2021 年 11 月第 6 次印刷
国际书号	ISBN 978-7-5100-1464-2
定　　价	38.80 元

版权所有　翻印必究

（如有印装错误，请与出版社联系）

光辉书房新知文库
"未来军官之路"丛书编委会

主任委员：

王　乐　解放军装甲兵工程学院军官

王利群　解放军装甲兵工程学院教授

房忠贤　国防大学教授、博士生导师、少将

副主任委员：

赵建伟　解放军装甲兵工程学院干部

王京生　解放军石家庄机械化步兵学院心理学教授、博士

张新军　解放军西安政治学院研究生大队政委

骆永华　IT专家，职业白领社区"白骨精公社"创办人

编　委：

韩彦庆　魏永强　管　严　夏正如　钟廷顺

马志芳　李晓强　周　全　杨维杰　高蓬勃

于勤武　柴青川　危艳玲　李树林　鲍　磊

文　诚　马　林　王　涛

执行编委：

王　玮　于　始

"光辉书房新知文库"

总策划/总主编:石　恢
副总主编:王利群　方　圆

本书作者

谭小龙　贾荣宝　孙琪　雷震

序：立国防之志，走未来军官之路

古往今来，军事人才始终是战争制胜之本。在人类政治与军事活动的历史舞台上，军事教育始终扮演着举足轻重的角色。唤发年轻一代的国防热情和献身勇气，为军队储备和输送最优秀的人才，一直是国家政治生活中的大事。而军官，是部队基本战斗单元中的中坚力量，是部队战斗力的重要组成部分。有专家甚至把未来战争说成是"军官的较量"。可见，要确保我军在未来战争中占据优势，就必须下大力加强军官队伍建设，高起点培养军官人才。而培养新型军事指挥人才，既是个长期的任务，又是当务之急。

从根本上说，要培养出未来高素质的军官，并不只是军队建设的事情，而是全民教育的事业。只有我们的青少年朋友们从小树立起国防安全的意识，了解我们国家军事的现状和未来的发展，激发出献身国防事业的热忱和兴趣，未来高素质的军官才有不竭之源泉。

军事斗争是人类斗争的最高领域，国与国之间比拼的是综合国力，军人与军人之间比拼的就是各种能力和素质。现代军事科学是一门范围广博、内容丰富的综合性学科。军事教育有助于学生培养自己高贵的品质，锤炼自己坚强不屈的意志、坚韧不拔的毅力、不畏艰难险阻的勇气和百折不挠的精神。对于青少年非智力因素的培育具有其他学科所无法替代的重要作用。

成为一个叱咤风云的军事人才，也正是许许多多青少年朋友的梦想。为了帮助青少年朋友了解国防知识，提高国防热情，献身国防事业，实现自己的梦想，我们邀请了一批长期活跃在部队一线的军事专家，为广大青少年朋友及军事爱好者精心编写了这套"未来军官之路"丛书。

本丛书共包括13个分册，它们分别是《大地雄风——陆军及其武器装备》《强国之梦——海军及其武器装备》《鹰主长空——空军及其武器装备》《未来之王——天军及其武器装备》《战场梦魇——非常规武器装备》《钢铁之旅——军事史上著名战斗团体》《将星摇篮——世界著名军事院校传奇》《逐鹿问鼎——人类历史上的著名战争》《野外生存——军事基本技能应用》《起航——未来军官素质培养》《没有硝烟的战争——信息战》《不战而屈人之兵——心理战》《天平的砝码——当今世界军事热点》

这套丛书着眼于世界新的军事革命的现状和发展趋势，不仅对海、陆、空等传统的军种进行了详实而系统的介绍，也有对未来新的战争形态、新的军事组织与武器的介绍。不仅对历史上那些叱咤风云的战斗团体、军事院校、非常武器等等进行了生动有趣的描述，还从部队工作和军官素质、能力要求的实际出发，介绍了军人质培养，军事技能提高，以及高科技的信息战、心理战等内容。集思想性、知识性、趣味性于一体，是一套实用的军事知识科普读物。

立国防之志，走未来军官之路！愿这套书能成为广大青少年朋友和军事爱好者的良师益友。

本丛书编委会

目 录

引　言 ……………………………………………………………… 1

第一章　"山姆大叔"焦头烂额 ……………………………… 3
第一节　竭力脱身伊拉克 …………………………………… 3
第二节　增兵死磕阿富汗 …………………………………… 13
第三节　争夺中亚不放松 …………………………………… 25

第二章　"北极熊"重新崛起 …………………………………… 37
第一节　俄罗斯军事大变脸 ………………………………… 37
第二节　俄格冲突难平息 …………………………………… 47

第三章　伊朗核问题愈发严峻 ………………………………… 62
第一节　美国暗定攻伊计划 ………………………………… 62
第二节　以色列迫不及待想单干 …………………………… 68

第四章　朝核风起云涌 ………………………………………… 79
第一节　朝核问题的由来 …………………………………… 79
第二节　中国积极推动六方会谈 …………………………… 88
第三节　朝核危机再起 ……………………………………… 98
第四节　朝核危机中的各国利益得失及展望 ……………… 105

1

第五章　索马里海盗作案正酣 …… 114
　第一节　索马里海盗的由来 …… 114
　第二节　索马里海盗成员 …… 118
　第三节　主要恶性海盗事件回顾 …… 120
　第四节　海盗事件的惯用解决办法 …… 124
　第五节　各国决心武力打击海盗 …… 126
　第六节　索马里海盗的"发展"趋势 …… 129

第六章　巴以冲突接连不断 …… 132
　第一节　巴以冲突的由来 …… 132
　第二节　巴以和平路漫漫 …… 136
　第三节　巴以重燃战火 …… 142
　第四节　形势展望 …… 156

第七章　钓鱼岛风云再起 …… 158
　第一节　钓鱼岛问题的由来 …… 158
　第二节　日本占岛的动机 …… 163
　第三节　钓鱼岛风起云涌 …… 168
　第四节　中方对钓鱼岛的立场 …… 177

第八章　恐怖主义愈演愈烈 …… 179
　第一节　恐怖主义的渊源 …… 179
　第二节　当代恐怖主义的类型及特点 …… 182
　第三节　各国反恐武装 …… 185
　第四节　近年重大恐怖袭击事件 …… 193
　第五节　恐怖主义的发展趋势 …… 197

引 言

当今的世界，是一个纷乱和多姿多彩的世界，国际社会的分分合合、民族国家的恩恩怨怨、大国首脑的争争吵吵，国际军事形势和地区冲突时而在动荡中趋向缓和，时而在动荡中走向分化，军事热点问题时而淡出人们的视野，时而又引起国际社会的高度聚焦。

进入新世纪以来，军事热点问题层出不穷，错综复杂，似乎令人难以捉摸和把握，足以让我们眼花缭乱。军事热点不再完全按照地缘关系排列，也不再以人们的意志为转移，矛盾的根源不仅是资源的争夺、民族的矛盾和宗教的冲突，而且还是大国利益的角逐。这样，一方面传统的战略边缘地带仍在不断制造着冲突和纷争，使原有军事热点的温度持续不降；另一方面，随着非传统因素的不断滋长，原本沉寂的地区又出现了新的热点，暴力、冲突、战争、灾难和纷争，凝结成矛盾错综的关节点，正向全球扩展，正在渗入我们的日常生活。

当今世界范围内，美国"战略新思维"的出台；俄罗斯大国地位的重新崛起；伊朗核问题的愈发严峻；朝核问题的一波三折；伊拉克局势的复杂多变；塔利班在阿富汗的卷土重来；巴以边境伊斯兰激进组织的重新振作；索马里海盗作案的猖獗；钓鱼岛问题的风云再起；全球恐怖主义的愈演愈烈……引起国际社会的高度关注。

天平的砝码：当今世界军事热点

军事热点是问题，是危机，是挑战，更是机遇。热点是人们关注的焦点，是各种冲突的交汇点，也是解开重重迷雾的关键点。了解军事热点问题的来龙去脉，解读热点背后的前因后果，才能通晓问题背后涌动的矛盾、冲突、问题和危机，才能全盘掌握当今世界发展的宏观动态，才能迅速洞悉国际社会运行的深层规律。

第一章 "山姆大叔"焦头烂额

第一节 竭力脱身伊拉克

非正义的伊拉克战争

伊拉克战争是由于怀疑伊拉克拥有大规模杀伤性武器而由美国发起的全面战争,与海湾战争不同的是,由于这次战争并没有经过联合国的授权,是美国绕开联合国直接发动的,所以这次战争是不合法的,又被称作美伊战争。

"9·11"恐怖袭击事件发生后,美国总统乔治·W·布什宣布向恐怖主义宣战,并将伊拉克等多个国家列入"邪恶轴心国"。2002年伊拉克危机爆发,联合国通过1441号决议,联合国武器检查团重返伊拉克检查伊拉克拥有的大规模杀伤性武器。伊拉克这次显示出了前所未有的配合,同意开放包括总统府在内的几乎所有设施迎接联合国的核查人员,甚至同意美国中情局的人员来参与核查。即使这样,美国仍然不买账。3月18日,布什发表电视讲话,要求并没有在伊拉克境内发现任何大规模杀伤性武器的武器检查团立即撤离伊拉克。

2003年3月20日,美国对伊拉克总统萨达姆·侯赛因发出的要求他和子女在48小时内离境的最后通牒到期,以美国和英国为主的联合部队正式对伊宣战,发起了代号分别为"斩首"和"震慑"的大规模空袭与地面攻势。联合部队是由12万人的美军

布什签署国会授权总统对伊拉克使用武力决议案

部队、4万5千人的英军部队、2千多人的澳大利亚军队和200人的波兰军队所组成的,除此之外还有大约5万人的伊拉克叛军。他们是通过驻扎在科威特的美军基地正式对伊发动军事打击的,并得到了海湾地区大量的空基和海基航空兵的支援。

布什在战争打响后向全美发表电视讲话,宣布推翻萨达姆政权的战争开始,强调战争将"速战速决"。美英联军先后向巴格达、巴士拉、纳杰夫、摩苏尔、基尔库克、乌姆盖斯尔等十余座城市和港口投掷了各类精确制导炸弹2000多枚,其中战斧巡航导弹500枚。与此同时,萨达姆也向全国发表讲话,号召伊人民抗击美国侵略,击败美英联军。

美英联军凭借空中优势和机械化部队,兵分几路向伊拉克军队发起强大攻势。美国第三步兵师从科威特西北方向的沙漠向巴格达挺进,伴随他们作战的还有美国第101空中突击师和第82空降师的若干部队。在另一边的伊拉克东南部方向,美国海军陆战队第一远征部队和英国远征军则发动了钳形攻势以打开伊拉克的

海运通道。在战争进行了两周后，美军又在伊拉克北部山区投入了173空降旅以及特种部队，并和当地的库尔德武装力量结成同盟。由于供给线太长和伊拉克方面的抵抗，美英联军"速战速决"的目标未能实现，地面进攻一度受阻。伊军则在伊中部的卡尔巴拉、希拉、欣迪耶等地与美英联军展开激战。与此同时，每天都有数百名伊拉克人从约旦等国家返回伊拉克，加入与美英联军作战的行列。

经过两个星期的激战，英军控制了伊拉克南部的石油重镇、伊拉克第二大城市巴士拉。随后美英联军又接连攻陷了伊拉克的许多重要城市和战略要地，对巴格达形成合围，战事呈现出一边倒的态势。4月8日，美军从北部和南部两个方向推进到巴格达外围，首先夺取了巴格达东南的拉希德军用机场。紧接着，美国坦克进入巴格达，占领了萨达姆城。4月15日，美军宣布在伊拉克的主要军事行动已结束，联军已控制伊拉克全境。据美国官方公布，战争中美国总共消耗了大约200亿美元，死亡的美军人数为128人，其中110人阵亡，18人死于事故，英军士兵死亡31人。

美国政府宣称有49个国家支持该军事行动。但真正参战的国家只有美国、英国、澳大利亚和波兰四国，丹麦政府虽然宣布对伊拉克宣战，但只派遣了两艘军舰表示支持，日本等多个国家则为战争提供了后勤支援。这场战争遭到中国、俄罗斯、法国、德国、阿拉伯联盟以及不结盟运动等多个国家政府和国际组织的批评与谴责。

"反恐"旗帜背后的阴谋

美国是当今世界唯一的超级大国，它利用强大的军事实力四

处推行自己的民主模式和价值观念，对敢于挑战其权威的任何国家都诉诸武力，极力维护自身的霸权地位，这是国际政治旧秩序中强权政治和霸权主义的缩影。美国对伊拉克开战的主要理由是萨达姆政权拥有大规模杀伤性武器以及伊拉克政府践踏人权。按当时美国国防部长拉姆斯菲尔德的公开说法，这场战争最终要达成的目的包括以下4点：一是推翻萨达姆政权的残酷统治，帮助伊拉克人民建立一个自治的民主政府；二是发现并销毁藏匿在伊拉克境内的大规模杀伤性武器以及恐怖分子；三是早日结束对伊拉克的制裁，并向伊拉克人民提供人道主义援助；四是保护伊拉克的石油以及其他天然资源。这些都是美国表面上的托词，其真正的目的则是以下几点：

第一，维护美国在全球的霸权。冷战结束后，国际力量对比严重失衡，美国在军事、科技和经济等诸多领域拥有超群优势，成为唯一的超级大国，确立了以维护美国霸权为总目标的国家安全战略，即霸权战略。同时制定了三大具体目标，即维护美国及盟国的安全、扩展美国经济和在世界推进美式民主。冷战后，美国的对外政策就是围绕这三大目标展开的。美利用冷战后旧格局已被打破，新格局尚未确立这一难得的战略机遇期加紧全球战略扩张，企图按照自己的意愿建立单极世界。通过第一次的海湾战争，美国打击了伊拉克地区霸权主义，主导和控制了海湾地区的局势；通过北约东扩和科索沃战争，挤压了俄罗斯的战略空间。布什政府上台后，受共和党保守主义的影响，开始调整美国安全战备和对外政策，突出维护国家安全，将俄罗斯和中国作为潜在的战略竞争对手。"9·11"事件后，强硬的共和党新保守主义集团得势，布什政府将维护国内安全放在突出位置上，打击恐怖主义成了第一要务，将反恐与防扩结合起来，为此出台了"布什主义"和"先发制人"理论。这次对伊拉克的战争，是美推行全球战略扩张的又一重要步骤，在布什心目中，这场战争关系到美国的当前和长远安全，关系到美国的世界霸权或准霸权地位。通过这场战争，不仅可以拔掉他恨之入骨的伊拉克萨达姆政权，在伊斯兰世界建立维护美国利益的战略走廊；还可以通过控制欧亚大陆的核心地带，实现对俄、欧、中、印等大国和集团的战略牵制这一箭双雕的作用。

第二，控制伊拉克的石油资源。伊拉克石油资源丰富，1993年已探明的石油储量高达1120亿桶，仅次于沙特阿拉伯居世界第二位，约占世界已探明总储量的10%，美政府官员从不讳言他们这一目的：控制伊拉克石油。据《世界日报》报道，美国防部副部长沃尔福威茨在新加坡参加亚洲安全会议期间，回答记者提问时表示："让我们简单地看这个问题，伊位克与朝鲜之间最大的区别在于经济资源，在这个问题上我们别无选择，伊拉克这个国家到处都是石油。"在接受《名利场》杂志采访时又讲道："由于美国政府官僚政治的原因，我们就把这一问题归结为：'大规模杀伤性武器'。"另据《华盛顿邮报》报道：美为了控制伊拉克石油资源，国防部组成了由伊拉克前石油官员和美国公司的执行官参加的一个委员会，负责监督伊拉克油田管理和尽快出售伊拉克石油。这一事实说明，美国想一手垄断伊拉克石油的图谋已成为司马昭之心，路人皆知。

第三，推进美式的民主和价值观。在世界范围内推进美式民主和价值观，一直是美国全球战略的重要组成部分。二战后，美国成功地对战败的德国和日本进行了改造，并因此深受鼓舞。布什政府更是将推行美国民主、价值观作为他这届政府的一大根本国策，并写入了2002年9月发表的《美国国家安全战略》报告

中。布什本人对推行美式民主具有一种近乎宗教式的狂热,伊拉克战争可以说是美国以武力在中东推进其价值观的序幕。开战之前,布什就宣称他的目的是要为中东地区树立一个"民主"的样板,进而向整个阿拉伯世界实行民主辐射,为建立一个美国统治下的世界新秩序开辟道路。支持布什战争的国防部副部长沃尔福威茨更是露骨地说:"伊拉克战争是为了实现政权改变,一个民主、自由的伊拉克将为中东国家的人民树立一种典型,伊朗、叙利亚人民将从中得到启示,沙特等国也会为政权形式而不安,从而实行改革。"这充分暴露了布什政府不惜一切代价发动战争的真实用意。为了安抚世界舆论和其他温和的阿拉伯国家,美国推出文明冲突论和大中东计划,把美国意图霸权殖民中东说成是改造文明、和平、自由、民主的中东,把美国与伊拉克、伊朗人民的冲突说成是文明的冲突,以期最大程度的获得西方世界的支持。

驻伊美军巡逻分队与反美武装作战

第四,重新建立对欧元的优势地位。欧洲经济界认为,美国发动战争的真正目的,是想通过控制伊拉克和中东地区石油的出

海口，钳制欧洲的石油来源，削弱欧洲经济，震慑欧洲资本大量进入美国，从而打垮欧元，维护美元在国际金融体系的霸主地位。欧洲的经济规模和金融市场的规模与美国相当，如果未来不出现其他主要货币挑战美元的地位，欧元就可能与美元平分秋色。那么，欧元的挑战会给美国带来多大损失呢？有人进行了计算，美国为此的损失最高可达到2.5万亿美元，也就是说，达到美国人均1万美元左右。以伊拉克战争为例，战争及战后经济重建所需费用最高为2000亿美元。这样看来，通过伊拉克战争打垮欧元，从成本效益的角度看，可以说是美国发动战争的动机之一。

迫不及待忙撤离

2009年6月29日，根据《驻伊美军地位协定》的内容，驻伊拉克的美军开始从城镇撤出，美军向伊拉克政府移交了一直被其占据的伊拉克国防部大楼，这标志美国在2003年发动的伊拉克战争告一段落，开始由伊拉克军队执行包括反恐在内的本国所有防务。美军驻巴格达指挥部的军事顾问提摩斯·里斯上校在内部的备忘录中主张，美国应该提前16个月，在明年就"宣布胜利并凯旋回国"。里斯在备忘录中写到，美国持续数年来对伊拉克当地安全警卫人员进行培训、提供装备、派遣顾问等工作，已经达到收益递减的临界点。伊拉克部队目前已经训练有素，足够应付那些已经日薄西山的恐怖分子及叛乱部队的袭击，完全能够保卫伊拉克政府。果真是由于伊拉克已建立起了民主政府，而且新组建的伊拉克军队也已能够担当起维护国家安全的重任，美国功德圆满了才撤离的吗？

在美国发动伊拉克战争后的头一年里，美国看似得到了不少好处。一是美国通过伊拉克战斗实现了他推翻萨达姆政权、解除

伊拉克武装的战争目的；二是美国在伊拉克战争中打得比较顺利，不仅受的损失比较小，同时也震慑了其他国家，像利比亚就明确表示放弃谋求核武器和大规模杀伤武器，伊朗和朝鲜当时在核问题上也比较合作；三是美国石油公司在伊拉克得到了大量的合同；四是战后重建工作基本上按照美国的计划进行；五是美国在伊拉克站住了脚跟，在具有重要战略地位的中东地区打进了楔子。但是美国政府很快发现，伊拉克的局势并没有如他们想象的那样趋于稳定，而是越发混乱不堪，美军已被拖入了一场旷日持久的游击战中。越来越复杂的战争形势和巨额的军费开支，让美国政府渐渐感到力不从心。

美军抓捕反美武装人员

第一章 "山姆大叔"焦头烂额

虽然有多达十数万的美军在伊拉克驻扎，然而这却是美军在越战之后又一次重大的战略失败。当年美军倚仗超强的武力，在攻打伊拉克的大规模军事行动中只损失了100多名军人。占领了伊拉克全境后，美军随即解散了伊拉克原来的军警，连同其他所谓盟军一同背上了维持伊拉克治安的包袱，尽管这些国家为了获得美国给予的好处而派出小规模部队进驻伊拉克，使美国可以欺世盗名，但实际上谁都知道这些外国军队只是滥竽充数，根本发挥不了什么作用。与此同时，国际恐怖组织在世界范围内招兵买马，齐聚伊拉克发动"圣战"，以各种非对称的方式，主要是以在城镇制造各种恐怖袭击的方式使美军疲于奔命。发动袭击的"圣战战士"来无影去无踪，由于没有明确的敌人，美军的高科技装备就像高射炮打蚊子，根本发挥不了什么作用。再加上新组建的伊拉克军队是一边训练一边参战，战斗力根本无法和被解散的旧伊拉克军队相比，这就造成美军频繁遭到伊拉克境内反美武装的袭击，伤亡人数不断攀升。迄今为止，美军在伊拉克已死亡近4000余人，伤残近3万人，约10万名曾在伊拉克服役的军人被诊断出患有心理疾病。除人员伤亡外，天文数字的军费开支也给美国经济造成沉重的负担。按照美国国会估算，到今年9月，美国用于伊战的开支累计将达6070亿美元，是布什政府原先估计的10倍，如果加上治疗伤员和偿还债务利息等隐性开支，伊战的开支将更为庞大。

如果说战争是政治的延续，那么战争胜利的标志应是实现发动战争的政治目标。从这个角度看，美国其实并没有取得伊拉克战争的胜利。由于这场战争是非正义的，这就使美国失去了国际社会对其的支持，伊战爆发以来，美国面临的恐怖威胁有增无减。美情报机构去年7月发表的报告承认，"基地"组织正卷土重来，

并已获得对美本土发动袭击所需的大部分能力。伊拉克则动乱不止，成为恐怖分子孳生的温床。伊拉克新政府迄今无法独自履行维护国家稳定和社会治安的基本职能。对伊拉克民众而言，和平安宁的生活仍然可望而不可即。在战略上，伊拉克战争使美国的宿敌伊朗在中东获得了更大的影响力。而且，伊拉克战争使美国深陷比越战更难以自拔的泥潭，在政治、经济、军事和外交等方面都付出了沉重代价，使美国无余力对付其他挑战。正如德国《时代》周报社长约弗指出的，伊战降低了美国的战略地位。根据美国国内的最新民调显示，63%的民众认为伊战不值得打，而60%的人认为发动伊战是个错误。

2009年7月28日，美国国防部长盖茨在结束了对以色列和约旦的访问后突然抵达巴格达进行访问。在巴格达南部的一个美军基地，他会见了驻伊美军军官并视察了部队。随后，盖茨前往巴格达市区与伊拉克总理马利基和国防部长贾希姆举行了会谈，双方探讨了包括地区安全和美军从伊拉克城镇撤离的善后事宜等，盖茨在会上表示，虽然驻伊美军的巡逻队目前依然在郊区的部分地区执行巡逻任务，但驻伊美军未来的任务重点将逐渐转移到培训伊拉克安全部队上来。在巴格达举行的记者招待会上，盖茨表示，美国将帮助库尔德自治区和伊拉克中央政府解决有争议的"内部边境"问题，并缓和阿拉伯人和库尔德人之间由此引起的紧张关系。由此可以看出，美国不想看到美军一撤离，伊拉克就陷入疯狂的内战，这会严重影响到美国的利益。

新任美国总统奥巴马原来决定在16个月之内将所有美军从伊拉克撤出，而伊拉克的前线指挥官则要求美军的撤军期限为23个月，双方平衡后将期限确定为18个月。根据《驻伊美军地位协定》，美军将从2009年6月30日开始把城镇内的142个基地将整

体移交给伊拉克安全部队,而美军的战斗部队则先撤退到郊外的军事基地或港口的要塞去,在随后的18个月内再将所有的美军逐步撤离伊拉克。由于原来的防务任务整体移交给了伊拉克安全部队,这样就最大程度地避免了美军和伊拉克人以及反美武装发生近距离的正面接触,将大大降低美军伤亡的概率。而一旦遇到紧急状况,伊拉克安全部队随时可以通过联合军事委员会进行协调,呼叫美军给予支援。尤其值得注意的是,在《驻伊美军地位协定》中有一项保留条款,内容是如果到了协议规定的美军全部撤离伊拉克的最后期限那天,即2011年的12月31号,伊拉克出现了内战或动乱等伊拉克安全部队无法控制的危机,则美军可以应伊拉克政府的要求推迟撤军。所以说,美国会不会真正撤离伊拉克还是个未知数。

美国庞大的战争机器在伊拉克虚耗多年,劳民伤财却收效甚微,直到奥巴马上台才下决心提前开始布什政府定下的撤军计划,但是美国早已犯下无法弥补的大错。这场战争不仅使国际恐怖组织找到了美国的弱点,肆意的对美军和伊拉克民众进行攻击;也使一些真正拥有大规模杀伤性武器或长期与美国交恶的国家看穿了美国的外强中干,根本不把美国放在眼内,美国对此却是无可奈何。从这个角度来说,美军可以说是从伊拉克"逃离"也不为过,伊拉克战争已成为对美国的一个莫大讽刺。

第二节 增兵死磕阿富汗

箭头直指"本·拉登"

2001年的阿富汗战争也称第二次阿富汗战争,是以美国为首

天平的砝码：当今世界军事热点

的联军在2001年10月7日起对阿富汗基地组织和塔利班的一场战争，不仅是美国对"9·11"事件的报复，同时也标志着反恐战争的开始。在战争爆发之前大约一周，美国总统布什向塔利班政府发出最后通牒，要求他们：

交出所有基地组织的高层成员；

释放所有在押的外国人；

保护所有在阿的外国记者、外交人员和支援人员；

让美国人员检查所有武装训练营，证实它们全部被关闭。

塔利班政府则拒绝与美国对话，声称与非穆斯林领袖对话是对他们的侮辱。但同时也透过驻巴基斯坦大使馆要求美国提供证据让他们自行在伊斯兰法庭起诉本·拉登，后来又提出把本·拉登移送到中立国，但布什拒绝了这些条款。

联合国安理会在2000年12月19日要求塔利班移送拉登到美国或第三国就1998年的爆炸案接受起诉，以及关闭所有武装训练营，否则将会制裁阿富汗。2001年10月7日，美英组成联军进入阿富汗境内与当地的北方联盟接触。双方随后达成协议，联合起来推翻塔利班政权。当天晚上，美军对塔利班和基地组织的多个据点进行了空袭，美国称此举是报复塔利班没有答应美国要求交出拉登，而塔利班随即抨击美国的举动是向伊斯兰世界宣战。

据美国军方公布，美军在首轮空袭中共动用了50枚导弹、15架战机和25枚炸弹。同时美国还投下了大量救援物

阿富汗战争的宣传画

资，据美国称这是为了赈济空袭中受伤的平民。而在此期间，阿拉伯的卫星频道 AL·JAZEERA 公开了一段本·拉登的录音片段，拉登在录音带中宣称美国将会在阿富汗失败，并且像前苏联一样崩溃。同时，本·拉登号召伊斯兰世界发起反抗非伊斯兰世界之战。

2001年11月9日，马扎里沙里夫战役开始。马扎里沙里夫在阿富汗北方是一个大型城市，塔利班在马扎里沙里夫有较强的群众基础。美国轰炸机地毯式轰炸了塔利班部队的阵地。下午2时，北方联盟部队攻下了城市的南部和西部，并且控制了城市的主要军事基地和机场。战斗在4个小时后结束。到日落时分，塔利班残余部队向南部和东部撤退。战斗结束后，大批塔利班支持者被处决，并且抢劫案件在马扎里沙里夫频频出现。马扎里沙里夫战役后，北方联盟迅速拿下了北方地区的5个省份，塔利班在北方地区的势力开始瓦解。

塔利班缴获的美军"悍马"

天平的砝码：当今世界军事热点

11月12日晚，塔利班部队在夜色的掩护下逃离喀布尔市。11月13日，北方联盟部队抵达喀布尔市，市区只有炸弹坑和焚烧树叶。一组大约20人的阿拉伯武装人员被发现藏身于城市的公园，随后被消灭。喀布尔陷落标志着塔利班在阿富汗全国的瓦解。在24小时内，所有的阿富汗沿伊朗边境各省，包括关键的城市赫拉特，都被北方联盟攻下。当地普什图族指挥官和军阀接管整个阿富汗东北部，包括重要城市贾拉拉巴德。近1000名塔利班的巴基斯坦志愿军死守北方战线。到11月16日，塔利班在阿富汗北部最后一个据点被北方联盟围困。此时，塔利班主力已被迫撤回到阿富汗东南部坎大哈周围地区。2001年12月7日，塔利班决定放弃坎大哈并向阿临时政府投降，战争宣告结束。

美国海军陆战队在阿富汗乡村中搜查塔利班分子

几年过去了，阿富汗的局势一直没有平稳。根据联合国驻阿富汗援助团的统计：2007年阿富汗死于暴力袭击者超过了8000人，其中1523人为平民。死亡平民中630人死于阿富汗政府军和驻阿外国部队的误杀，893人死于塔利班的自杀性爆炸和路边炸弹等袭击事件。其余死者中约6000余人为塔利班等反美武装人

员。2008年死于阿富汗暴力袭击者超过了6000人，其中1988人为平民。死亡平民中828人死于阿富汗政府军警和驻阿外国部队的误杀。1160人死于塔利班制造的暴力袭击。其他死者中绝大部分为塔利班成员。但当年由北约医疗机构提供的数据指出，死于北约军队袭击的平民为97人，死于塔利班袭击的平民为973人。

不愿重蹈前苏军覆辙

2000多年来，地处中亚要冲阿富汗一直就是兵家必争之地。但是，无论是在战场上所向披靡的亚历山大大帝还是后来的英军和苏军，都无法征服这个国家。1838年，英国以阿富汗拒绝与英缔结反对波斯和沙俄的同盟为借口入侵阿富汗，次年国王穆罕默德弃都北逃。8月英军攻陷喀布尔，立舒加为王。此后，阿富汗人展开游击战争，迫使英国于1841年12月签订撤军条约；次年英军复克喀布尔，再遭重创后退出阿富汗。1878年11月英国以阿富汗拒绝接受其保护而投靠俄国为借口，二次出兵阿富汗，迫使阿富汗于次年5月与之签订《甘达马克条约》，9月阿富汗人民起义并开展游击战争，迫使英军于1881年退出阿富汗。1919年阿富汗国王阿马努拉即位后，致信英印总督，要求废除英国的外交控制权，英国拒绝并于同年5月出兵阿富汗，阿人民奋起反抗。8月双方缔结和约，英国承认阿富汗独立。1979年12月，前苏联因不满阿富汗阿明政权，出兵阿富汗并占领喀布尔。在阿富汗人民的激烈反抗

美军在阿富汗散发的传单

下,1986年7月,前苏联总统戈尔巴乔夫被迫从阿分批撤军。英国和前苏联是美国成为世界霸主之前的两个世界级的霸权国家。英国三次出兵阿富汗,除最后一次是当年议和外,其他两次作战时间都在3年之上,均是损兵折将无功而返。前苏联依靠其强大的常规作战力量,在阿富汗进行了为时6年的持久战,结果阿富汗战场成了前苏联的"坟场"。这些列强在进入阿富汗后最终都上演了相同一幕:卷铺盖走人。这次美国能扭转乾坤吗?

自从2002年底美军将相当部分兵力分派到伊拉克作战后,阿富汗境内兵力日益空虚,塔利班武装乘机采取"农村包围城市"的策略卷土重来。至今已经控制了阿富汗南部的半壁江山,将阿富汗政府军和外国盟军限制在了一些大城市和公路附近,无法深入乡间活动。奥巴马在竞选总统时候曾宣称,向阿富汗增兵7000就足以完成前政府的"未竟事业"。当他竞选成功后,这个数字转眼变成了至少3万。奥巴马甚至委任资深外交官霍尔布鲁克充当阿富汗问题特使,足见这一事情的棘手程度。这个问题,就连美国政客自己心里也没底。如果今后美军增兵后依然无法占据阿富汗的广大农村,仍然被塔利班围困在城市内,慢慢地,美军会连城市也无法控制,只有打起背包回家一条路。美国前国务卿、前参谋长联席会议主席鲍威尔将军最近明确指出,同伊拉克相比,阿富汗才是一块真正难啃的骨头。对奥巴马来说,阿富汗战争的成败将决定他的政治前途。白宫必须在这个"标志性"的问题上来个速战速决,绝不能拖泥带水。今年以来,阿富汗境内的武装分子日益活跃,现有的3.4万美军根本无法有效应付,结果造成当地不少区域安全状况日益恶化。

联合国的统计数字显示,目前塔利班每年通过鸦片获得3亿美元收入,他们的支持者更分布在10多万平方千米的广大土地

第一章 "山姆大叔"焦头烂额

上,很难通过大规模清剿"扫除"干净。分析人士指出,奥巴马增兵阿富汗仅具有心理上的象征作用,要想全部控制阿富汗,美国必须劝说欧盟出兵。目前,各国在伊拉克驻扎有60万人马,而在阿富汗,这个数字仅仅为20万,因此美军增加3万影响不大。与此同时,美军必须将工作重点放在农村,不能只想着保卫阿富汗首都喀布尔。如果奥巴马继续布什的错误政策,增兵阿富汗可能给美军带来更大的伤亡。而现任阿富汗总统卡尔扎伊在各方心目中的地位都处于下降状态。美欧抱怨他既不积极逮捕那些从事鸦片贸易的军阀,又不愿打击政府中腐败现象,结果造成民众和政府离心离德。美国的阿富汗政策以及阿富汗政府自身都要经历巨变,才能确保这个国家不会重新成为塔利班乐土。

损兵折将是美国人反对伊拉克战争的主要原因,如果今后美军在阿富汗遭遇重大伤亡,美国人的"反战情绪"很快就会转到阿富汗。这样一来,美军恐怕只有被迫撤离阿富汗了。塔利班宣称,奥巴马不要忘记前苏联的教训,尽早将美军从阿富汗撤走,并强调将由阿富汗人将决定自己命运。塔利班同时还扬言,已做好"迎击"美军援兵的准备。而美国五角大楼近日透露,将有2.2万名海军陆战队官兵将从伊拉克转战阿富汗东部和南部地区,以遏制塔利班的快速增加势头。另外,为减少美军误伤平民的可能性,未来阿富汗军警将更多参与美军主导的清剿武装分子活动,以便降低普通民众对美国的敌视情绪。

在关注阿富汗时,美国也没有忽视巴基斯坦境内的武装分子。刚开始执政没几天的奥巴马接连在这两个国家遇到极大挑战:一是美军在一次夜袭塔利班的行动炸死了16名无辜平民;二是中央情报局出动无人驾驶飞机对巴基斯坦境内目标发动导弹袭击,造成22人丧生。美国的行动引起了上述两国的强烈抗议,此举从侧

天平的砝码：当今世界军事热点

美军"悍马"车队

面证明，奥巴马的"新政"至少在阿富汗和巴基斯坦问题上继承了布什政府的遗产，将继续追杀本·拉登和其他基地组织头目。英国媒体称，奥巴马批准了对巴基斯坦境内可疑目标发动导弹攻击的命令。巴基斯坦政府曾多次强调，希望奥巴马上台后停止使用无人驾驶飞机对巴境内目标发动导弹攻击。因此，不断增加的袭击事件增加了当地人对政府和美国的反感。随着美军向阿富汗继续增兵，可能还会有更多的导弹砸向巴基斯坦境内的可疑目标。仅仅依靠增加兵力和导弹，美国尚无法确保阿富汗的长治久安。美国必须在阿富汗和巴基斯坦展开全面外交和经济努力，才有机会减少各类激进势力。奥巴马曾暗示，美国可以赢得阿富汗战争。不过，此举将彻底让奥巴马脱下"和平总统"的外衣，从而成为与前任布什一样的"战争总统"。

可以预见的是，虽然奥巴马摆出一副不达目的不罢休的姿态，但今后美国在阿富汗将依旧步履维艰。阿富汗位处欧亚的"十字

第一章 "山姆大叔"焦头烂额

路口"和"诸多力量的聚集点"上,这里既是俄罗斯南下寻找印度洋入海口的前线地带,也是印度北上加强与欧洲联系的枢纽,还是伊朗东扩影响的前沿,更是中国西北防务的关键。同时,同为穆斯林国家的巴基斯坦在这里有着举足轻重的影响。在这种背景下,就算美国克服了来自各方的压力和种种困难,在这一地区保持了长期军事存在,总体来说也是弊大于利的。这样虽然将美国的防卫前线推到了中亚一线,从而在未来可能的战争中大大改善了北约的战略态势,但是,塔利班武装和"基地"组织主要成员是一支经受了长期战火洗礼的部队,有着很强的凝聚力和战斗力。此外,阿巴边境那些对美国人十分反感的部落武装正在形成一种不可小视的反美力量。从最近几次交战情况来看,美国军队要彻底消灭这样一支力量需要付出许多难以想象的代价。假设美国最终不惜代价消灭了塔利班武装和基地组织,帮助阿富汗新政府巩固了政权,但在这个中央政权只能控制喀布尔周边且派系林立的"部落结构"的国家中,美国很难找到一个可以让全阿富汗人认可的亲美力量来统治阿富汗。可以预想的是,"反恐战争"结束后的阿富汗,任何一个派系都可能会调转枪口对准美国。

焦点链接

驻阿美军的巴格拉姆空军基地

巴格拉姆空军基地位于阿富汗首都喀布尔北部大约47千米处,离中国西部边境只有700千米左右的路程。早在上世纪80年代苏军侵占阿富汗期间,巴格拉姆空军基地已成为苏军航空兵驻扎飞机的一大基地。然而,经过美军6年的现代化扩建,现在的

巴格拉姆空军基地规模已比苏军侵占阿富汗时大了1/3，总面积达5000亩左右。巴格拉姆空军基地平时一大任务，就是确保阿富汗首都喀布尔的空中安全，阻止任何反政府武装对首都发动大规模袭击。不仅如此，巴格拉姆基地还负责对其他地区反政府武装进行监视和打击，支持阿富汗政府军对全国的控制。

驻阿美军的巴格拉姆空军基地

自2001年10月阿富汗战争以来，巴格拉姆空军基地日渐成为美军在整个中亚地区最大的基地。该基地原本只是作为美军攻打阿富汗时的临时基地，随着美军战略重心转向亚太，美军开始把巴格拉姆基地当作长期部署兵力的大本营进行扩建。起初，阿富汗美军在该基地驻兵3000人，后来扩大到7000人，现在增加到大约1.3万人，包括空军、陆军和海军陆战队士兵等。目前，美军在阿富汗总共驻扎着大约2.5万人，该基地就容纳了其中的一半。巴格拉姆空军基地已成为美军在整个中亚地区屯兵最大的基地，也是美军在中国西大门外驻军最多的大型基地。

第一章 "山姆大叔"焦头烂额

巴格拉姆空军基地可起降美军 C-5 大型运输机

扩建后的巴格拉姆空军基地可停降数十架现代化的战机。平时，该基地驻扎了多种型号的战机，包括 A-10 攻击机、F-16 战机、F-15E 战机、AH-64 武装直升机、C-17 运输机和"捕食者"无人侦察机等。一旦需要，这些战机随时可以升空对反美武装展开袭击。该基地的 F-15E 是美军当前最有战斗力的双重任务战机，既可空战，又可对地攻击，最大时速可达 2.5 马赫，周边地区其他国家战机难以追赶拦截。阿富汗与伊朗有着数百千米长的边境，一旦美国政府决定对伊朗核设施采取军事行动，巴格拉姆基地的 F-15E 随时可对伊朗西部地区目标进行空袭。巴格拉姆基地离西部的伊朗大约 900 千米，F-15E 不到半小时便可抵达。F-15E 如果以 2 马赫速度东飞的话，只需 20 分钟左右的时间，便可飞临中国西部边境上空。而巴格拉姆基地最大威力在于能够起降最大运输机 C-5。这意味着该基地可起降美军任何大型轰炸机，包括 B-52H、B-1B 和 B-2。三大远程轰炸机航程均达一万千米左右，既可常规战，又可核战。其中，B-1B 可载

60吨弹药，其巡航导弹可袭击两千多千米外的战略目标，可直接对俄罗斯南部和中国西部地区以及印度洋北部地区进行战略威慑。

驻阿富汗的美空军A-10"霹雳Ⅱ"攻击机中队

据美国媒体披露，美国空军希望缺乏空战机会的F-22战机前往伊拉克和阿富汗检验和展示其强大的对地攻击能力。分析人士认为，一旦F-22战机前往阿富汗作战，很可能进驻巴格拉姆空军基地。一旦具有隐形能力的F-22战机进驻巴格拉姆空军基地，将对周边国家的防空雷达探测构成严重挑战。此外，北约已决定向阿富汗增派4架E-3空中预警机，也很有可能进驻巴格拉姆空军基地，这是北约多年来第一次在中亚地区部署预警机。E-3可以探测400千米范围内100多架飞机的活动，一旦北约在阿富汗部署此型预警机，将使北约的空中侦察范围东移几千千米，随时可以监视周边国家的空中情况，包括作战飞机的部署、战术地空导弹和弹道导弹的试射等。如果以加强对塔利班的打击为由部署这4架预警机实在太为牵强，塔利班只是一支2万人左右的游击武装，没有任何制空能力。北约国家重兵集结阿富汗，还要

部署4架最现代化的空中预警机，似乎远远超过了空中作战的需求。

第三节 争夺中亚不放松

高度重视，竭力渗透中亚

中亚位于欧亚大陆的腹地，自古以来就是东西方文化交流的桥梁，举世闻名的丝绸之路在推动中亚和欧亚经贸往来方面曾发挥过重要作用。正是由于中亚所处的特定的地理位置，又使其成为历代征服者的必经之路。频繁的战乱和民族迁徙造成了中亚地区各种文明、宗教和种族间的碰撞和冲突不断，无法形成强大统一的民族国家，却处于周围强权势力的交替控制之下。直到19世纪60~80年代，沙俄通过一系列领土扩张和兼并，后将中亚彻底并入俄罗斯帝国。在俄罗斯帝国和前苏联统治的一个多世纪的时间里，中亚地区基本上与世隔绝。前苏联解体后，由于拥有丰富的自然资源和处于欧亚大陆腹地的战略位置，中亚地区再次成为争夺地缘政治主导权的战场。

中亚重要的战略地位一直为西方大国和地缘政治学家所重视。英国的地缘战略学家麦金德爵士早在20世纪初就提出，中亚是欧亚大陆的腹地或"心脏地带"，中亚的山地是海权势力很难达到的地区，是影响世界格局的枢纽地区。按照麦金德的理论，谁统治这一"心脏地带"，谁就控制了世界。布热津斯基在分析欧亚大陆战略格局的时候，使用"欧亚大陆的巴尔干"来形容这一地区。他指出，"欧亚大陆的巴尔干在地缘政治上也是重要的，因为它们将控制一个必将出现的旨在更直接地联结欧

亚大陆东西最富裕最勤劳的两端的运输网"。冷战结束后，中亚国家领导人也很快就认识到这种有利的地缘战略优势，并希望利用这一优势来吸引更多的国际关注，从而迅速恢复经济使国家走上振兴之路。

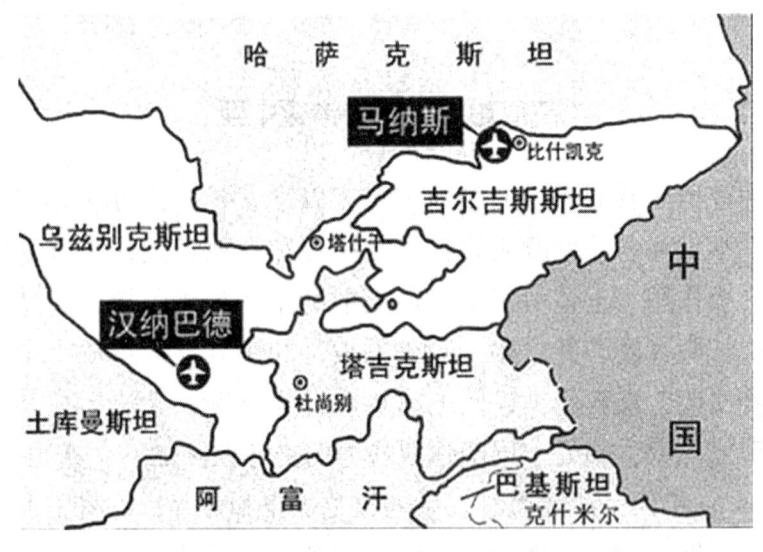

美军在中亚的重要军事基地

除了地缘政治意义外，中亚地区还蕴藏着丰富的石油、天然气资源。据能源专家估计，即使不把里海石油计算在内，中亚也是仅次于中东和西伯利亚的世界第三大石油储积区。由于中亚地区传统上一直由前苏联控制，美国和西方难以插足。前苏联解体之初，美国担心其渗透中亚可能会加剧同该地区的其他大国俄罗斯、中国及伊斯兰世界的矛盾，而美国对中亚并不拥有核心国家利益，没有必要在该地区直接负起安全责任和填补地缘政治的真空。但是，从1994年开始，美国开始从能源和战略角度认识到中亚的战略重要性。1995年，美国国防部长佩里访问哈萨克斯坦，并称哈对美国是一个具有重大战略意义的国家。据美国能源部的估计，里海地区最终可开采的石油储藏

量约为2000亿桶，占世界总储量的16%。中亚成为国际石油和天然气资源以及其他战略资源藏量最为丰富的地带之一。美国在完成了北约第一阶段东扩计划后，进一步在中亚地区压缩俄罗斯的战略空间，牵制中国、防范伊斯兰原教旨主义，控制中东和里海能源的战略意图越来越明显，并且在外交策略上进行了适当调整。

1997年7月，美国参议院外交委员会通过决议，宣布中亚和外高加索是美的"重要利益地区"，并以此制定了新中亚战略，强化对中亚地区的渗透力度。美国的新中亚战略目标是：支持该地区有关国家对俄罗斯的独立倾向，打破俄罗斯对中亚地区安全事务的垄断，扩大美国在该地区安全方面的发言权；积极参与解决中亚地区热点冲突是美国对中亚地区政策的首要任务，大规模投入中亚能源开发，控制中亚能源输出的管道走向，使该地区成为美国21世纪的战略能源基地；遏制伊朗等国在该地区的影响力，逐步使该地区各国成为美国的战略伙伴。

在新中亚战略框架下，美国与中亚各国的政治、经济和军事关系迅速展开。政治上，美国与中亚各国首脑频繁互访，交流层次提高，试图在中亚各国极力扶植亲美势力。经济上，以提供经济援助为手段，力促各国接受西方模式实行私有化改革。美国利用参与能源开发、帮助建立市场经济和扩大投资等手段，逐步控制一些国家的经济命脉，进而控制中亚地区的油气生产与运输。美国还竭力开辟里海能源运输的新通道，以求打破中亚的能源输出线为俄罗斯所控制的局面。军事上，早在1994年，美国就通过北约"和平伙伴关系"计划将中亚的哈萨克斯坦、乌兹别克斯坦、吉尔吉斯斯坦和土库曼斯坦四国纳入北约的外围安全体系。美国还不断向中亚各国提供武器装备技术和资金，协助修订其国

家安全构想，制订国防规划，为其军队建设和改革出谋划策，并多次进行联合军事演习。2000年以来，美国对哈萨克斯坦提供的各类军事援助达1000万美元，对吉尔吉斯斯坦提供100万美元，对乌兹别克斯坦提供的军事援助则达到近1亿美元。最近的反恐怖战争证明美国的新中亚战略已发生作用。美国目前已经成为中亚国家最大的经济援助国和投资国，在军事和安全领域成为中亚国家不可缺少的合作伙伴之一。中亚地区的大国力量对比正在向有利于美国的方向发展。

力求扎根，分化"上合组织"

早在"9·11"事件发生以前，美国战略界就密切关注俄罗斯重新恢复在中亚影响力的举动，以及中国主导下的"上海合作组织"（下称"上合组织"）对中亚地区安全的潜在作用。他们已认识到，尽管美国极力加强对该地区的渗透力度，但由于距离遥远和其他力量的牵制而暂时无法成为中亚地区的主导力量。"9·11"恐怖袭击事件给美国在中亚加强军事存在提供了难得的历史机遇，美国通过对阿富汗塔利班和拉登恐怖组织的直接军事打击，借用中亚等国的机场和战略要地，共享军事情报，派驻地面部队等等，美军第一次直接踏上了中亚的土地。2001年秋，美国借阿富汗战争之机，首先与乌兹别克斯坦签署军事合作协议，乌向美军开放汗阿巴德军用机场。随后，美国又与塔吉克斯坦、吉尔吉斯斯坦分别签订提供军事基地或机场的协定。哈萨克斯坦表示"时刻准备"开放"领空和陆地"。从此，美国在中亚实现了"军事进入"的历史性突破。

近年来，美国不仅是中亚国家的第一大投资国，同时还提供了数亿美元的援助经费，以促进这些国家所谓的政治民主化。

第一章 "山姆大叔"焦头烂额

2003年5月，美国国务院通过了有关中亚政策的决议，要求美国领导人督促中亚国家实行民主化，并把美国的援助与这些国家的民主化进程挂钩。布什总统在第二任期内，明显用"民主自由旗帜"取代"反恐旗帜"，在大中东地区和独联体地区推进"民主改造"。吉尔吉斯斯坦议会选举期间，美驻吉大使就曾向美国国会提交报告，要求美政府把支持吉反对派的拨款额从500万美元增加到3000万美元。吉因议会选举引发骚乱后，美国务卿赖斯和美国务院先后发表讲话和声明，宣称布什政府支持吉的"经济和民主改革"，并承诺当年向吉提供3100万美元的援助。

2001年6月15日，上合组织正式成立，主要目标是联合打击六国边境范围内的"恐怖主义、极端主义和分裂主义"三股势力。上合组织一出现，就立刻跻身为亚洲地区人口最多、覆盖地域最广的区域性合作机制，开始在东亚和中亚地区发挥不可忽视的影响力。上合组织所覆盖的基本地域范围是中亚。从狭义上来讲，中亚地区是指中亚五国（哈萨克斯坦、乌兹别克斯坦、土库曼斯坦、吉尔吉斯斯坦、塔吉克斯坦），而从广义上来讲，"中亚地区"包括从中国的新疆，西至阿塞拜疆、伊朗，南至巴基斯坦、土耳其、阿富汗的广大地区。2003年，上合组织完成了初创阶段的各种制度建设，成立了执行机构、各种委员会和会晤机制，制定了章程和徽标，成为一个真正意义上健全和完善的国际组织，对周边国家的吸引力大大增强。2004年，蒙古国申请成为上合组织第一个观察员国家。而到2005年，巴基斯坦、印度、伊朗等国也纷纷要求加入。上合组织的直接影响范围一下子扩到了整个中亚和南亚的广大地区。

美国一开始并没有把上合组织放在眼里，认为它对自身不会

构成任何威胁。然而在2005年，形势发生了戏剧性的变化。美国突然宣布希望加入上合组织，成为观察员国家。专家指出，是上合组织的迅猛发展使得美国政府开始正眼看待这个原本"不起眼"的组织。经过反复的观察，2005年7月美国终于提出申请，希望成为上合组织的观察员。由于美国不属于中亚、南亚地区国家，所以遭到了组织的拒绝。与此同时，上合组织的许多国家对美国在伊拉克战争和"颜色革命"中的独断专行、干涉别国内政等行为开始不满。在2005年5月，上合组织阿斯塔纳峰会发表了六国元首的联合声明，要求美国制定从中亚地区撤军的时间表。7月29日，乌兹别克斯坦政府要求美国6个月内从该国撤出驻军。上合组织美国不但进不去，而且还要把美军赶出来，这成为美国开始重视和防范上合组织的转折点。美国副国务卿鲍切也罕见地对上合组织发表评论，表示上合组织"不应当是排外的或由其较大成员主宰的工具"。美国各大研究智库也纷纷发表对上合组织的研究报告。有的强硬派学者甚至耸人听闻地声称："上海合作组织更像华沙条约的重现……如果上合组织发动对美国在中亚和中东部队的军事打击，中国、俄罗斯和伊朗的联合部队将构成难以对付的敌手。"

吉尔吉斯斯坦总统库尔曼别克·巴基耶夫（左）与俄总统梅德韦杰夫

对于上合组织在军事合作领域的不断深化，美国是"看在眼里，急在心上"。美国一直担心，上合组织有可能演变成为一个与美国和北约对抗的新的军事同盟体系。正是在这种心理的

支配下，美国加紧通过在冷战之后形成的北约"和平伙伴关系"计划对中亚国家进行渗透，不仅为中亚国家提供大量的军事援助，与其共同进行联合军演，还鼓励中亚国家派军官到美国深造，以便培养"亲美"派军官。在2006年关于上合组织的美国听证会上，曾提出要重点加强对上合组织内部的一些与美国关系较好国家的影响，如哈萨克斯坦和蒙古国等。2006年5月，美国副总统切尼把哈萨克斯坦作为其欧亚访问之行的唯一一个中亚国家，如今美国在哈的总投资额已超过了120亿美元。近年来，美蒙军事合作关系不断加强，布什连在访问东亚期间也不忘到蒙古国转一圈，并许诺了很多经济援助。2005年，时任美国防部长的拉姆斯菲尔德在访蒙时，承诺向蒙提供1100万美元的援助用于改善蒙军装备和完善蒙武装力量训练中心的设施。除此之外，两国还定期举行"可汗探索"系列演习，演习的规模和周期则不断出现扩大的势头。与此同时，国务卿赖斯公开提出中、南亚的整合是美国"至关重要的目标"，力图建立由自己主导的区域合作机制。美国不但派工兵部队帮中亚国家修路修桥、建设通讯系统，还创办"中、南亚地区安全会议"，美国国务院也在2006年专门调整编制，成立了独立的"南亚和中亚事务局"。

明争暗斗，争夺军事基地

美国借阿富汗战争之机，先后租用了乌兹别克斯坦的汉纳巴德机场和吉尔吉斯斯坦的马纳斯国际机场。随后，塔吉克斯坦同意向美国及其盟国的反恐力量提供库利亚布机场，同时美军还获得了在需要时可以毫无障碍地使用哈萨克斯坦机场的许可。

天平的砝码：当今世界军事热点

首先出问题的是乌兹别克斯坦。2006年初，乌兹别克斯坦外交部向华盛顿发出照会，要求美军在180天内撤出哈纳巴德基地。其后乌兹别克斯坦参议院为这一决定"盖了章"，使其具有法律地位。哈纳巴德基地位于乌兹别克斯坦南部，距离阿富汗北部边界几百千米，是向驻阿美军和人道救援项目保障供给的重要后勤基地，美方一直称之为K-2基地。"9·11"恐怖袭击后，美国发动了对阿富汗的反恐战争，乌兹别克斯坦将哈纳巴德机场交给美军使用。数年来，哈纳巴德空军基地一直是美军运送各种物资和飞机加油的重要基地。在进行了各方面努力均告失败后，美军只好遵从了乌兹别克斯坦的决定。美国对此大为恼火，随即中断了与乌的一切合作，两国至今交恶。

马纳斯基地的联军战机

再来看吉尔吉斯斯坦。2001年美国发动阿富汗战争时，在吉首都比什凯克近郊的马纳斯国际机场设立了空军基地。该基地驻扎有约1500名美国及北约国家的士兵。作为美军唯一驻中亚军事基地，它不仅停驻大型空中加油机，而且每月进出大约15000人和500吨货物，对美军和北约向驻阿富汗部队提供补给至关重要。

第一章 "山姆大叔"焦头烂额

因中亚地缘、资源极其重要，俄罗斯一直视其为自身的"势力范围"。自从美国借助阿富汗战争实现其在中亚的军事存在之后，美俄围绕中亚主导权的战略博弈就从未间断。今年2月3日，俄总统梅德韦杰夫宣布免除吉的1.8亿美元债务，再向吉尔吉斯斯坦提供20亿美元的贷款和1.5亿美元的无偿援助，此外还在吉境内建设一座耗资17亿美元的水电站。此举被普遍认为是想让吉政府关闭马纳斯美军基地。2月19日，吉尔吉斯斯坦议会通过了政府提交的关于废除美军租用马纳斯空军基地协议的法案，要求美军于8月18日之前全部撤离。这一决定对美国新任总统奥巴马来说是一个严峻挑战，他正计划增兵阿富汗，以打击塔利班和"基地"组织力量，美国同时还在加强通往阿富汗的补给运输线。

马纳斯基地的美军门卫

在吉尔吉斯斯坦政府宣布关闭马纳斯基地后，无奈的美国国防部考虑在从中亚到波斯湾的"弧形地带"寻找替代基地。据报道，其中一个选择是恢复与乌兹别克斯坦的军事合作，以期在乌境内设立后备基地。然而，由于乌几年前刚将美军从其境内驱逐出去，难度很大。另一个选择是阿联酋，但后勤补给是个大问题。美国驻塔吉克斯坦大使雅各布森说，塔方已同意美军和北约组织使用其领空，向驻阿富汗部队运送非军事物资。而刚刚离任的美军驻马纳斯空军基地指挥官本斯上校前不久还保证说，美军已开始将部分设备运走，所有人员及其装备将按期全部撤出。此间媒体也认为，美军在中亚的最后一个军事基地"关门大吉"已是板上钉钉的事。然而就在6月23日，吉尔吉斯斯坦议会三大委员会突然宣布，取消原定8月关闭马纳斯美军基地的计划，现有基地转为运输非军用物资的"美国物资中转中心"，但吉方"没有权利搜查进出马纳斯基地的任何物资"。目前美军部署在马纳斯空军基地的全部设施和装备将直接转到该中心名下。

对于美国现任总统奥巴马而言，这一决议让他卸下了心头一块石头，马纳斯空军基地一旦关闭，增派赴阿军队至6万人的计划将会严重受阻。据美联社报道，奥巴马甚至还给吉尔吉斯斯坦总统巴基耶夫发了一条私人消息，感谢他为维护阿富汗和平的反恐行动而做出的努力。分析人士认为，美军这一步棋的"巧妙"之处在于，一方面美表面上放弃了马纳斯空军基地，信守撤军诺言，避免与吉政府，甚而与俄罗斯发生"碰撞"；另一方面则通过与吉签署新协议，实现了把马纳斯空军基地变为物资中转站的目的，从而保证美国军事人员可以"合法地"继续进驻这个中亚基地。而吉方在这笔新交易中也有其打算，可谓同样是"赢家"。首先，为了不得罪俄罗斯，吉方保留废除美军租用马纳斯空军基地协议的法案，而且与美军新签订的租用合同期限仅为一年，一年后可以根据当时的态势随机应变；其次，让美军继续存在使吉获得了巨额资金收益。美军租用马纳斯国际机场作为"中转中

心"的价格已从过去的 1740 万美元涨到了现在的 6000 万美元每年。华盛顿政府还将支付 3700 万美元用于修建新的停机坪和仓库，3000 万美元用于更新导航系统。此外，美国还将另向吉提供 2000 万美元设立"美吉经济发展基金"，出资 3150 万美元帮助吉开展禁毒和反恐行动。这样看来，美国为保住马纳斯空军基地一次性总花费为 1.781 亿美元。而对美国来说，这些花费物有所值。从 2001 年建立以来，无论吉尔吉斯斯坦国内发生任何变故，马纳斯基地似乎都未受影响。即便 2005 年 3 月发生的吉政府革命推翻了前任吉总统，马纳斯基地也没有停止它的正常运转。马纳斯空军基地一直承担着向阿富汗运送作战部队、非军事人员、各类物资装备以及为飞机提供油料补给等任务。如果丧失马纳斯基地，美军将被迫把空中补给中转站转移到沙特阿拉伯或土耳其等国，运输路线还要绕过伊朗，操作难度加大，运输成本和效率也将备受影响。而且马纳斯空军基地的意义远不止物资、人员中转基地这么简单，它也许还是美国人全力打造的一个超级情报中心。俄罗斯国营电视台曾报道称，美国秘密将马纳斯空军基地改为情报侦察中心，美军通过"多频度、多功能无线电电子侦察系统"，截取周边国家数以十亿计的传真、电邮及电话通话。而俄罗斯方面，则显示了出人意料的平静态度。尽管还是有不少俄媒体指责吉政府态度 180 度的大转弯，俄外交部一位不愿透露姓名的消息人士对俄媒体说，吉当局允许美国保留军事基地"对我们来说是极不愉快的意外"，毕竟俄罗斯曾为吉做出关闭马纳斯空军基地的决议付出了高昂的费用。

　　据俄罗斯报道，经多方斡旋，美国在乌兹别克斯坦的军事存在其实已得到恢复。今年 3 月，乌兹别克斯坦已同意美国使用邻近阿富汗边界的铁尔梅兹前沿基地。最近，媒体又传出消息，美

国为了扩建军事基地向吉尔吉斯斯坦索要机场附近300公顷（1平方千米＝100公顷）土地，《费尔干纳》新闻社称，6月19～22日负责中亚和南亚事务的美国助理国务卿访问吉尔吉斯斯坦的目的，就是为了与吉方商讨扩大美军在比什凯克马纳斯机场的可能性。铁尔梅兹前沿基地、比什凯克甘西空军基地、阿富汗坎大哈基地、巴格拉姆基地和吉尔吉斯斯坦的马纳斯基地……美军在中亚地区悄悄地完成了基地网的构建。而通过基地网络的稳定，美国谋求中亚军事存在永久化的企图昭然若揭。

第二章 "北极熊"重新崛起

第一节 俄罗斯军事大变脸

"北极熊"开始苏醒

俄罗斯民族具有尚武传统，对加强国防建设有着全民共识。普京曾有一句名言，"如果军队没有前途，国家也就没有前途"，在俄罗斯引起了广泛共鸣。曾有俄媒体称，"重振俄罗斯军队的雄风几乎是每一个俄罗斯人的愿望"。在俄罗斯人的战略思维中，强大的俄罗斯必须以强大的军队做支撑，要想强国则必须强军。面对美国一超独霸、俄安全威胁复杂严峻的地缘战略形势，俄罗斯没有理由不成为军事大国、军事强国。普京和梅德韦杰夫均具有浓重的"强军"情结，而"普京路线"的核心思想之一就是建设一支强大的军队。正是在此背景下，俄罗斯将能源资源和军事力量视为新世纪支撑国家崛起的两大战略支柱，在努力打造"能源武器"的同时，决心建设一支能够应对任何安全威胁的现代化军队。

北约经过两轮东扩，其前沿已经抵近俄罗斯"家门口"，目前正在酝酿向独联体国家扩展；"新欧洲"国家与俄罗斯关系普遍不睦，乌克兰、格鲁吉亚与俄罗斯争吵不休；在高加索地区，车臣恐怖活动尚未平息；环里海能源博弈日趋激烈，俄罗斯对该地区能源资源和外运网络实施"双控制"计划面临美欧的严峻挑

战；阿富汗局势不断恶化、伊朗核危机持续发酵、周边地区宗教极端势力蠢蠢欲动，亦对俄罗斯构成安全威胁。而美国推行"大中亚计划"，在中亚建立军事存在、策动"颜色革命"，企图剥夺俄罗斯的传统势力范围，甚至在东欧部署反导系统，意欲废掉俄罗斯赖以与美国抗衡的主要支柱——战略核威慑能力，更是令俄安全危机感空前增大。

车间里正在装配的图-160战略轰炸机

普京曾多次引用老沙皇亚历山大二世的名言：俄罗斯只有两个盟友——陆军和海军。他认为，新的全球军事竞赛已经开始，俄罗斯不得不做出反应。2007年2月，普京发表著名的慕尼黑讲话，猛烈抨击美国的单边主义和"霸主行径"，强硬反对北约东扩及东欧反导系统。针对美国在东欧建立反导系统，俄军试射了新型的"白杨"洲际弹道导弹；对于要求加入北约的格鲁吉亚和乌克兰，俄罗斯则在能源供应、农产品进口和人员往来上对其设限；西欧反俄声浪高涨，俄罗斯就停止执行欧洲常规武器条约，派航母编队到地中海游弋，恢复战略轰炸机巡航。日本要部署美国反导系统，抗议俄国"侵占"北方四岛，俄罗斯战略轰炸机就飞近日本领空，飞越美国航母战斗群。

俄军的"白杨-M"洲际弹道导弹

去年9月10日，俄罗斯空军2架图-160型远程战略轰炸机又途经北冰洋和大西洋，首次降落在委内瑞拉。普京还威胁要将导弹瞄准将要部署北约导弹和美国反导系统的前苏联国家和东欧国家。除此之外，俄军又开始扩建在叙利亚塔尔图斯港和拉塔基亚港的海军基地。总之，对于美国和西方的全球进逼，俄罗斯是以牙还牙、以硬碰硬。如今，俄罗斯已经停止履行《欧洲常规力量条约》，并且说要中止《中导条约》；俄罗斯海军航母编队也已恢复了中断15年的远洋巡航，战略轰炸机恢复了全球值班飞行。部队训练强度明显加大，各种规模的演习接连不断；俄罗斯与美国围绕太空军事化、北极地区资源的争夺也在不断加剧；在俄恢复独联体传统势力范围和中东欧战略缓冲带问题上，双方唇枪舌

剑的争吵更是难以降温。在俄格冲突中，俄罗斯也一改以往谴责多、行动少的做法，断然出兵南奥塞梯，随后宣布承认南奥塞梯和阿布哈兹独立。对此，前北约盟军总司令韦斯利·克拉克坦言："这是俄罗斯的权力声明。"

正在建造中的俄罗斯潜艇

目前，俄武装力量已经走出艰难维持阶段，进入快速恢复期。俄罗斯军队建设的基本原则是：在提高战略核力量的质量和威力的同时，加强常规机动力量建设；根据"非对称原则"，争取在2015年前建设一支与军事威胁和财政能力相适应、能够应对各种安全威胁的现代化"创新型"军队。2007年初，普京宣布，国家将在2015年前拨款5万亿卢布（约合1900亿美元），用于全面更新军队武器装备。目前，俄国防部正在制定"2020年前军队建设计划"。尽管以往俄军队建设计划大多有始无终，军队建设的高目标与经济能力不足之间存在尖锐矛盾，但是由于目前经济强劲发展势头有望继续保持，俄举国上下具有建设强大军队的紧迫感和坚定决心，所以军费投入必将不断加大，军队现代化水平必将

快速提升。然而，俄军高层也明确表示，不会与卷入与美国的全面军备竞赛中。如今，俄罗斯1.33万亿美元的GDP不过是美国的1/10，军费虽然从叶利钦时代的50亿美元增加到250亿美元，但也只相当于美国军费的1/20。当年前苏联消耗大半财政预算同美国拼军备竞赛，最后落了个惨痛的下场，这个教训对俄罗斯来说依然记忆犹新。

此外，对于北约在欧洲的持续东扩，俄罗斯很早就未雨绸缪，积极在独联体内部组建一个由自己主导的新军事联盟以对抗北约。尤其是梅德韦杰夫上任后，俄罗斯在新版《对外政策构想》中对"独联体集体安全条约组织"（CSTO）的发展首次提出了总体思路，即"全力发展CSTO作为维护独联体地区稳定和安全保障的关键工具，强调该组织作为多功能联合组织适应局势变化，可靠保证成员国适时、有效地协作，使之成为在其义务范围内保证安全的中心体系"。去年8月俄格冲突后，梅德韦杰夫又提出了成立CSTO快速反应部队的倡议，并表示"如果不强硬执行某些决策，不加强军事整合，本组织就不可能得到发展。反之，如果各种潜力得到发挥，本组织将成为世界上最有威望的组织之一"。今年2月4日在莫斯科同时举行的CSTO峰会上，各国达成了组建CSTO快速反应（下称"快反"）部队的条约。面对西方的质疑，俄罗斯总统梅德韦杰夫公开表示，新成立的独联体快反部队将获得最有效的武器配置，以确保其在发挥自己的军事潜力上不逊于北约的类似部队。根据俄罗斯方面的透露，莫斯科准备向这支快反部队提供一支空降师和一支伞兵突击旅，大约8000人，哈萨克斯坦将提供一支伞兵突击旅，大约4000人，其他成员国将各自提供约一个营的兵力，其总兵力将达到2万人。从职能上看，独联体快反部队也与北约快反部队类似：其主要职能是预防和阻止成员国

之间的边境冲突，携手打击恐怖活动、贩毒和有组织犯罪，维护本地区的安全与稳定。各国的快反部队平时将驻扎在各国自己的军事基地，一旦需要将由快反部队总指挥部直接调往冲突地区。此外，条约还规定，当成员国遭到外来侵略时，快反部队也有权对其实行集体安全援助。这样，CSTO就由一个多边性质的安全协作机制彻底演变为一个真正的军事联盟。为了确保其朝军事联盟方向整合，梅德韦杰夫此次峰会上宣布，为确保快反部队在2010年完成组建，2009年CSTO的预算将再增加1/4，而俄罗斯将承担其中的一半，达到9400万卢布。

以"遏制"战略为核心的军事改革

俄罗斯一向把安全利益置于国家利益的首要位置，对安全环境的判断必然影响到其内外政策特别是军事安全政策的制定。诸如"外部威胁、内部威胁、跨境威胁严重存在"，"几十年来国家安全环境从未如此严峻"，"维护国家安全的任务艰巨复杂"，这些判断已成为俄罗斯加强武装力量建设的直接推动力。近年来，俄罗斯综合国力得到了明显的提高，在政治上建立了以梅德韦杰夫和普京为首的坚强领导，在经济上发展速度超过了世界经济增长平均水平，在军事上走上快速改革道路。随着综合国力的增强，俄罗斯在国际事务中的地位也相应发生了积极的转变。与此同时，俄军认为俄罗斯外部安全威胁也在增加，其突出表现是美国加紧推进北约东扩，坚持在东欧部署导弹防御系统，某些国家着力在俄罗斯周边部署重兵集团，并不断对俄罗斯提出领土要求，特别是在乌克兰、格鲁吉亚等国发生的"颜色革命"，对俄罗斯构成了严重的政治威胁。此外，针对俄罗斯的恐怖主义依然存在，在俄罗斯周边地区爆发武装冲突的可能性依然存在。

针对上述变化，2000年，时任俄罗斯总统普京签署批准的军事学说确定以"遏制"为核心，即遏制对俄罗斯安全和利益的军事威胁与军事——政治威胁，目的是在平时制止对俄罗斯或其盟国的武力施压和入侵，战时则是防止侵略升级，使俄罗斯在可接受的条件下停止军事行动。这一现行军事学说颁布8年来，从近期俄罗斯采取的一系列重大举措，特别是出兵南奥塞梯可以看出，俄罗斯军事战略的走向将沿着更加积极主动的强硬"遏制"方向发展。

首先，依靠强大的军事实力来防止和遏制对俄罗斯的各种威胁。俄军强调，国家利益要求俄军必须时刻保持高度战备，确保对任何潜在敌人能成功进行战略遏制，尤其要以战略核遏制来应对可能遭到的入侵。俄军高层认为，未来战争虽以高精尖武器为主实施，但始终处于使用核武器的威胁之下，特别是如果俄罗斯各个战略方向上的态势处于明显不利时，核武器就成为最重要、最可靠的战略遏制手段。俄罗斯必须坚持大力发展核武器，以保持强大的遏制力量。所以，针对美国在欧洲部署导弹防御系统，俄军一再强调有可能采取积极的对应行动。另一方面，俄军也强调要继续发展常规武器，特别是常规战略武器，以确保国家长期的战略安全和提高应对局部武装冲突的能力。俄军认为，在当前条件下常规战略武器是实施战争的决定性因素之一。西方军界提出的所谓"陆军无用论"，完全是迷惑人的。俄军强调不应被这种论调所迷惑，相反，必须保持强大的地面集团以对付可能的外来威胁。俄罗斯出兵南奥塞梯，就表明了俄罗斯对抗威胁的新思路。

其次，通过在全球各个地区显示实力、显示存在，进一步加强"遏制"。俄罗斯领导人不断强调，俄必须在全球各个地区显

示实力、显示存在，此举不仅能够有效应对威胁，遏制威胁，而且会产生震慑作用。所以人们才会看到，俄空军恢复了战略轰炸机远程战斗值班飞行，海军则恢复了远洋巡航训练。再次，加强训练与演习，既提高军队战斗力，又能持续产生遏制效应。苏联解体后，俄军的战役训练和战斗训练一度削弱，军队战斗力受到严重影响。随着俄罗斯经济的复苏，从2002年开始，俄军加大了训练投入，当年的人均战斗训练开支即超过2001年1.2倍。训练重点则是演练跨区投送兵力，强化在局部冲突和边境冲突中的反游击能力，等等。俄军计划到2010年，人均战斗训练支出与2000年相比将增加2倍。俄军战役训练和战斗训练明显增强的突出表现是大规模演习增多，2005年至2008年，俄军先后举行过的演习有"东方"系列、"贝加尔湖"系列和"稳定"系列等。与此同时，与集体安全条约组织和上海合作组织成员国武装力量的联合演习，已成为俄军的传统演习项目。

2008年俄军战车野外集结准备参加演习

第二章 "北极熊"重新崛起

俄罗斯对军队的改革起始于1991年的海湾战争，伊拉克作为前苏联在中东地区的亲密盟友，是完全用前苏联的武器和建军思想武装起来的一支武装力量，但它却在短短的42天内被美国为首的盟军打得丢盔弃甲，这给了俄罗斯巨大的刺激。从1992年开始，几乎每任国防部长上台，都要将军事改革的战车向前推进一步。困扰俄罗斯军队的根本问题是：规模庞大、体制臃肿、指挥效率低下、军兵种结构及大军区体制不合理等。从1992年开始直到2003年的改革，一直都是围绕克服这些问题进行。经过11年的刀砍斧削，俄军已经完成国防部、总参谋部等统帅机关的定位，从总体上确定了俄军建设构想。俄格冲突后，俄军又对暴露的问题进行了深刻的反思。正如英国简氏战略咨询服务公司的报告中所提到的，"长期以来俄罗斯一直潜心研究冷战式的战争场景，他们的工作重点是打造一支可部署压倒性火力优势的庞大陆军，而对建立规模较小、训练程度更高且机动灵活的部队缺乏兴趣"。格鲁吉亚冲突让俄罗斯看到自身军事体系和世界最新军事水平的差距，而这种落后的现实，在北约军队兵临城下（黑海军舰对峙）的当口，无疑让俄罗斯感到担忧和焦急。

2008年10月14日，俄国防部长谢尔久科夫突然宣布将对俄罗斯军队进行大规模改革，以实现军队现代化。俄军这次改革重点是建立新的编制和指挥体制，将目前营、团、师、集团军、军区的臃肿体制和条块分割、作战职能单一的军兵种编制，改为战略战役混编兵团；把机械化时代的苏军化身，脱胎换骨成一支完全新型的21世纪军队。这也标志着俄罗斯作为前苏联军事力量的直接继承者，已经彻底放弃了苏式军事体系。这支新型军队，有全新的战争观念，全新的编制体制，全新的武器系统。按照俄军最新改革思路，俄军将于2010～2015年完成军队结构改革。首

先，撤销陆海空三军总司令部编制，职权收归总参谋部，成立相应的陆军、海军和空军局。明确国防部是负责人事政策、后勤保障等职能的文职部门，总参谋部是真正意义上的军事指挥机构，直接指挥军队作战训练。其次，废除战略火箭兵、航天兵和空降兵司令部，组建战略核力量、军事航天防御、快速反应部队司令部。最后，大幅精简六大军区、四舰队司令部机构，使其变成行政管理机构。撤销各地兵役委员会，建立军区级别的专门机构，负责征兵、动员和培训工作。俄罗斯同时修改军事学说，宣称可以首先使用核武器对付"战略性军事威胁"，矛头直指美国对中亚和外高加索地区的渗透。

俄军同时认为，随着美军太空作战理论与实践的不断完善，2020年前，空中和太空将成为一体化的作战领域。在这种情况下，单纯的防空体系已无法保障抗击对方的空中—太空一体化袭击。有鉴于此，俄军高度重视建立战略性一体化空中—太空防御系统，以增强遏制和作战能力。早在2002年11月，俄罗斯国防部就确定了发展空中—太空防御应采取的具体措施，强调空中—太空防御系统既是俄罗斯国家和武装力量战略防御体系的主要组成部分，也是俄罗斯主要的战略遏制手段。2006年4月公布的《2016年前后俄联邦空中—太空防御纲要》，则确定了发展国家空中—太空防御体系的10年构想。2008年9月26日，俄总统梅德韦杰夫又再次强调了建设空中—太空防御体系的必要性。目前，俄军已基本形成了空中—太空防御系统所必需的四个分系统：侦察和导弹袭击预警分系统、毁伤（压制）分系统、指挥分系统和保障分系统。预计今后一个时期，俄军将斥巨资继续完善和发展空中—太空防御系统。可以看出，如今的俄军在理论认识上已完全摒弃了传统战争观念，认为太空将成为未来战争的主战场，由

空军、海军、太空力量以及信息战部队实施太空作战，精确制导武器和新概念武器能在任何条件下命中全球范围内的任何目标。这就意味着现行军队体制必须向打赢未来战争转变，即突出进攻性，以攻击态势达成防御目的，彻底改变过去注重陆军和地面作战，人数众多规模庞大的旧面貌。俄军总参谋部认为，近年来国内外的局部战争实战经验表明，必须根据未来战争非对称联合作战的要求进行改革。毫无疑问，这次体制改革后的俄军，将具有比分兵把守国土的防御形态大得多的战略威慑性。

当前，拥有广博资源的俄罗斯经济发展势头良好，出兵南奥塞梯又进一步增强了军队在国内的威望。可以预见，未来俄罗斯军事战略的"遏制"思想将会更加积极，更加主动，俄军建设也将会取得更大的发展。用俄罗斯总统梅德韦杰夫的话说，"俄罗斯武装力量将呈现新的现代化面貌"。

第二节　俄格冲突难平息

俄格积怨已久

俄格冲突是俄罗斯与格鲁吉亚冲突的简称，指2008年8月由于格鲁吉亚首先使用武力镇压国内的南奥塞梯民族独立，引发邻国俄罗斯进行军事干预而爆发的俄罗斯与格鲁吉亚两国间一定规模的武装冲突。

1991年12月8日，白俄罗斯、俄罗斯、乌克兰三国的领导人在白俄罗斯的别洛韦日签署了一项关于成立独立国家联合体的协定。21日，除波罗的海三国和格鲁吉亚外，前苏联11个加盟共和国领导人在哈萨克斯坦当时的首都阿拉木图会晤，通过了《阿

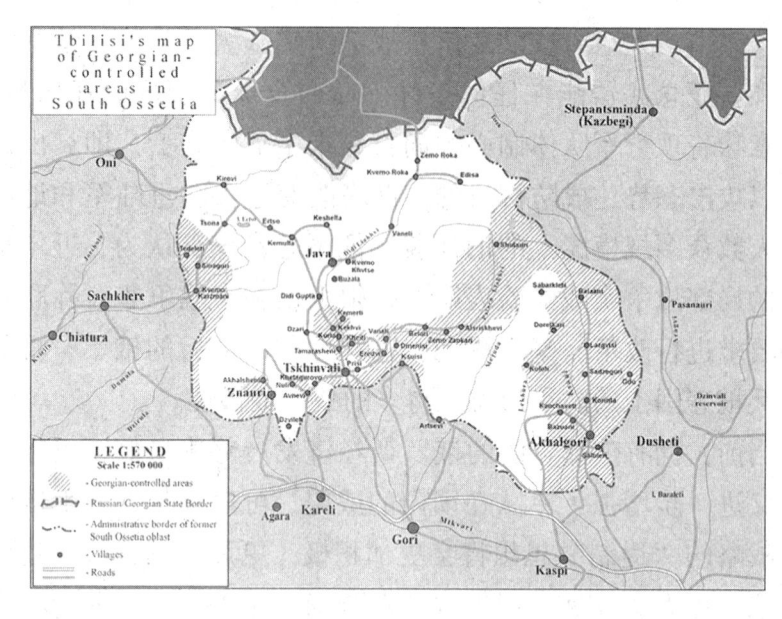

南奥塞梯地图。亮灰色部分为格鲁吉亚政府宣称被格鲁吉亚实际控制的地区。浅灰色部分为格鲁吉亚，深灰色部分为俄罗斯领土。

拉木图宣言》和《关于武装力量的议定书》等文件，宣告前苏联已不复存在，并成立独立国家联合体（简称独联体）。1993年，格鲁吉亚宣布加入独联体，2008年8月14日，格鲁吉亚议会通过退出独联体的决定，其直接原因就是从去年8月8日爆发的俄格冲突。

2008年8月8日，格鲁吉亚出兵南奥塞梯，战火一直延伸到南奥塞梯首府茨欣瓦利。随即，俄总统梅德韦杰夫8日在克里姆林宫举行的联邦安全会议紧急会议上说，格鲁吉亚对南奥塞梯的"侵略"行径是对国际法的严重践踏，俄罗斯不会让杀害本国同胞的凶手逍遥法外。他说，目前格鲁吉亚和南奥塞梯冲突正造成和平民众的伤亡，其中大部分是俄罗斯公民。他强调，"根据宪法和联邦法律，作为俄罗斯联邦总统，我有责任捍卫本国公民的生命和尊严，无论他们身处何地"。俄军随即越过

第二章 "北极熊"重新崛起

国境线上的罗科斯基走廊进入南奥塞梯，直接与格鲁吉亚政府军发生交战。10日，格鲁吉亚被迫退出南奥塞梯，13日，俄格就停火原则达成一致，俄罗斯官方宣布开始从格鲁吉亚撤军，并与22日完成撤军工作。26日，俄罗斯宣布承认南奥塞梯独立，格鲁吉亚就此举动迅速做出反应，28日格议会通过决议，授予其行政机关权利，与俄罗斯断交，9月2日，格鲁吉亚正式宣布与俄罗斯断交。

俄格战争中被俄罗斯缴获的美国援助格鲁吉亚的"悍马"

格鲁吉亚位于连接欧亚大陆的外高加索中西部，包括外高加索整个黑海沿岸、库拉河中游和库拉河支流阿拉扎尼河谷地。西临黑海，西南与土耳其接壤，北与俄罗斯接壤，东南和阿塞拜疆及亚美尼亚共和国毗邻。19世纪上半叶，格鲁吉亚被沙皇俄国兼并。十月革命之后，格鲁吉亚一度宣布独立，但没过多久就被苏俄红军占领。1921年2月，格鲁吉亚成立了苏维埃社会主义共和国，1922年3月加入外高加索苏维埃社会主义联邦共和国，同年年底作为联邦成员加入前苏联。1936年12月，格鲁吉亚升格为直属苏联的加盟共和国，包括斯大林在内的许多前苏联重要领导

人都出自格鲁吉亚。格鲁吉亚在沙皇俄国时期是被征服者，在前苏联时期是从属者，但是格鲁吉亚人总是有一种挥之不去的自主情感。因此，在前苏联还没有解体的时候，格鲁吉亚就于1990年11月4日发表独立宣言并改国名为"格鲁吉亚共和国"，1991年4月9日正式宣布独立。为了抹去往日的阴影，格鲁吉亚在1995年8月通过的新宪法将国名定为"格鲁吉亚"。当年，格鲁吉亚是除波罗的海三国最后加入独联体的国家，部分原因就在于俄罗斯与格鲁吉亚的矛盾。

前苏联解体后，俄罗斯在格鲁吉亚保留了4个军事基地，分别设在瓦季阿尼、古达乌塔、阿哈尔卡拉基和巴统。根据两国1999年在伊斯坦布尔发表的联合声明，俄罗斯削减了在格鲁吉亚的军事存在。除设在第比利斯的俄驻外高加索俄军集群司令部外，俄罗斯仅保留了在阿哈尔卡拉基和巴统的两个军事基地。但是，格鲁吉亚仍不满意，一直敦促莫斯科尽快将俄军从格鲁吉亚全部撤出。格议会曾通过一项措辞强硬的决议，宣称俄驻格军事基地不具有任何法律地位，如果俄不能早日确定具体的撤军时间，那么格将采取单方面措施结束这些基地的存在。围绕这两个基地的驻扎时间和条件等问题，俄格双方进行了反复商谈，但始终没有达成协议。俄方强调，从格撤军之前要在俄境内兴建新的军事设施，这一工程投资巨大，至少需要10年以上的时间。格鲁吉亚则要求俄罗斯在3年内撤出军事基地。俄格争论的焦点看似在于撤军时间和资金数额，其实这并非问题的实质，双方在地区安全问题上存在着原则分歧。在莫斯科看来，驻格军事基地的命运决定着俄能否继续对外高加索地区局势施加影响力。俄罗斯在外高加索地区的战略合作伙伴是亚美尼亚，俄罗斯不仅同亚美尼亚关系密切，而且还在该国部署了规模较大的军事基地。从政治角度看，驻亚美尼亚军事基地没有什么令莫斯科担忧之处，但俄罗斯同亚美尼亚之间没有边界，俄向驻亚军事基地提供给养必须以格鲁吉亚为过境通道。格鲁吉亚不仅反俄情绪强烈，而且同美国保持着密切的军事合作，俄罗斯担心从格鲁吉亚撤军后过境通道也将随之关闭。如此一来，俄驻亚美尼亚军事基地同大本营之间的联系将变得十分脆弱，俄在整个外高加索地区的影响力必然会受到威胁。

被俄军摧毁的格军坦克

而直接引起俄格冲突的则是格鲁吉亚国内的民族独立问题。自前苏联解体以来，俄罗斯一直和格鲁吉亚之间就南奥塞梯与阿布哈兹两个自治共和国的问题争吵不断，而南奥塞梯和阿布哈兹与格鲁吉亚政府军之间也不时擦枪走火。南奥塞梯与俄罗斯的北奥塞梯共和国接壤，面积3900平方千米，人口约19万，主要由奥塞梯人、俄罗斯人和格鲁吉亚人组成。从1989年起，南奥塞梯就要求与俄罗斯境内的北奥塞梯合并。前苏联解体后，

南奥塞梯自治州一直谋求独立，不服从格鲁吉亚中央政府的管辖。1992年1月，南奥塞梯通过全民公决，要求成立独立共和国及与北奥塞梯合并。因此，格中央政府与南奥塞梯地方当局的矛盾急剧恶化，还导致了大规模武装冲突。1992年6月24日，俄罗斯、格鲁吉亚和南奥塞梯、北奥塞梯四方最高领导人就和平解决南奥塞梯武装冲突问题首次举行会谈，达成有关实现停火、成立维持和平部队和监督委员会的协议，格奥冲突双方随后实现停火。

根据协议，俄、格和南奥塞梯、北奥塞梯成立了解决格奥冲突的四方混合监督委员会，由俄、格和南奥塞梯三方组成混合维和部队，负责在冲突地区执行维和使命。2006年11月，南奥塞梯再次就独立问题进行全民公决，绝大多数公民支持南奥塞梯独立。但这一结果没有得到国际社会的承认。近年来，南奥塞梯与格鲁吉亚中央政府的冲突仍不时发生。阿布哈兹与南奥塞梯一样是格鲁吉亚的一个自治共和国，位于格鲁吉亚西北的黑海之滨。由于阿布哈兹一直有亲俄倾向，而格鲁吉亚在语言文化、民族政策等方面又长期对阿布哈兹采取压制政策，所以在前苏联解体、格鲁吉亚独立建国后不久，阿布哈兹也于1992年7月宣布独立，格鲁吉亚当局立刻派兵进驻，由此引发了长达一年多的武装冲突，造成阿布哈兹上万人伤亡，一半人口流离失所。在俄罗斯和国际社会的调解下，冲突双方于1994年5月在莫斯科签署了停火协定。根据这一协定，俄罗斯军队以独联体维和部队的名义进驻了阿布哈兹地区。

从这之后，俄罗斯以各种方式加强与阿布哈兹的联系，如简化阿布哈兹人加入俄罗斯国籍的手续，重开通前往苏呼米的铁路等等，格鲁吉亚则对阿布哈兹实行经济封锁和禁运。直到

今天，阿布哈兹仍是俄罗斯与格鲁吉亚的角斗场。在俄格冲突中，阿布哈兹在第一时间宣布进入战争状态，并向科多里峡谷派遣了1000人的作战部队，开辟了与格鲁吉亚作战的第二战线。正是由于阿布哈兹和南奥塞梯都与俄罗斯的国家利益紧密联结，因此也就直接导致了俄罗斯与格鲁吉亚的紧张关系。

近几年来，格鲁吉亚迫切希望加入欧盟和北约，从而得到西方的帮助和支持对抗北方的俄罗斯。因此，格鲁吉亚不仅积极支持美国发动伊拉克战争，而且派兵参与美国主导下的伊拉克战后重建工作，但是由于国内阿布哈兹与南奥塞梯长期闹独立造成局势动荡，所以欧盟和北约一直以来都未吸纳格鲁吉亚。格鲁吉亚明白，要想加入欧盟和北约，就必须解决阿布哈兹和南奥塞梯问题。连续两届当选格鲁吉亚总统的萨卡什维利曾长期在法国、意大利、美国学习和工作，有着浓厚的亲西方情节。2007年，格鲁吉亚虽然在年末出现政治动荡，但是国民生产总值仍然取得了12%的增长速度，国力有所增强，萨卡什维利推行的军事改革又使得格军军力和现代化程度大大增强，对阿布哈兹和南奥塞梯的军事优势更加明显。而阿布哈兹和南奥塞梯近几年积极谋求国际承认的步伐加快，让格鲁吉亚坐立难安。

美国在当前科索沃问题、伊拉克问题、伊朗问题、北约东扩以及"反导"问题对俄罗斯的步步紧逼，更加强了格鲁吉亚希望寄托于西方之力解决国内的分裂问题，并且对西方能够威胁俄罗斯，使其不敢出兵阻挠保持盲目乐观。在2005年和2007年围绕俄军事基地撤出问题上，格俄也曾一度接近战争状态，但在美国及其北约盟国的坚定政治支持下，俄最终妥协了，这给格鲁吉亚留下了很深的印象。在解决格西南部的阿扎尔问题上，萨卡什维利也曾展现了他的强硬姿态，结果俄再度退让，

天平的砝码：当今世界军事热点

阿巴希泽流亡莫斯科。格军力的增强与俄的一再退让，增强了萨卡什维利解决领土争端问题的冒险心理。在第二次总统竞选时他曾许诺，将在新任期内"彻底而轻松地"解决南奥和阿布哈兹问题。但是萨卡什维利显然忽视了阿布哈兹和南奥塞梯问题绝不等同于科索沃与伊拉克问题，其战略地位也远非小小的阿扎尔所能比拟，因为阿布哈兹和南奥塞梯直接影响着俄罗斯本国自身的安全利益和战略利益，俄罗斯绝不会坐视不管。

高加索山脉

高加索山脉从西北向东南横亘在黑海和里海之间，构成欧洲和亚洲分界线的一部分。高加索山脉北边称为内高加索或北高加索，现在属于俄罗斯的南方大区，那里有与俄罗斯中央政府关系比较好的北奥塞梯—阿兰自治共和国、印古什共和国，也有与俄罗斯中央政府关系曾经不好的车臣共和国，另外还有卡拉恰伊—切尔卡什共和国、卡巴尔达—巴尔卡尔共和国、塔吉斯坦共和国。高加索的南边称外高加索，也称南高加索，分布着三个国家——

以东正教为主要信仰的格鲁吉亚、以传统基督教为主要信仰的亚美尼亚和信仰伊斯兰教并与伊朗关系密切的阿塞拜疆。当年格鲁吉亚积极支持车臣共和国独立，是车臣分裂势力的重要支持者，俄罗斯至今都耿耿于怀。如果南奥塞梯独立并且和北奥塞梯合并成立新的奥塞梯—阿兰自治共和国，则非常有利于俄罗斯保持在这一地区的稳定。而阿布哈兹也极有可能日后选择加入俄罗斯联邦而成为其中一员，即便阿布哈兹没加入俄罗斯而是成为独立共和国，由于经济依赖、国民情感以及抵御格鲁吉亚威胁等因素，政策上也会完全倒向俄罗斯，成为俄罗斯的卫星国。这样一来，俄罗斯便可在阿布哈兹建立军事基地，不仅可以获得曾是苏-27歼击机基地的古达乌塔军用机场和可起降安-124超重型运输机的苏呼米机场，而且可以控制供应着格鲁吉亚近1/3地区和整个阿布哈兹所需的电力的因古里水电站，还可以得到苏呼米和奥恰姆奇拉港，并将二者作为黑海舰队基地，从而达到控制黑海东部的目的。

除此之外，俄罗斯还可以在阿布哈兹的古达乌塔和奥恰姆奇拉以及南奥塞梯的贾瓦建立军事基地，在苏呼米建立雷达站，对格鲁吉亚、阿塞拜疆、亚美尼亚和俄罗斯南部进行无线电监控。这样就能够大大增强俄罗斯在黑海海域的军事存在，不仅可以威慑南高加索诸国，还缩短了通往土耳其港口以及博斯普鲁斯、达达尼尔海峡的距离，有利于增强俄罗斯对两伊地区、黑海诸国甚至中东地区的影响力。

俄美两国的殊死较量

世界各地战火连绵不断，背后无不有霸权主义的影子。冷战结束后，美国作为唯一的超级大国接连在世界各地挑起战争，第

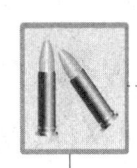

一次海湾战争、科索沃战争、阿富汗战争、美伊战争，都是美国唱主角。二战结束后，美国原本是国际新秩序的维护者，理应根据联合国宪法章维护世界各国之间的和平相处。然而美国在维护国际秩序的过程中却采取双重标准，支持并一手导演科索沃独立、支持车臣闹独立、支持中国西藏和新疆的民族分裂势力，在世界各地都是明显支持分离主义的，唯独在格鲁吉亚不。因为一个稳定强大的格鲁吉亚符合美国在这一地区的战略需要，所以美国选择反对格鲁吉亚内部的民族独立，这就是明显的双重标准。

与此同时，北约和欧盟一直在积极东扩，将一些原东欧国家和前苏联加盟共和国吸纳进来，从而形成对俄罗斯的战略包围。这次俄罗斯对格鲁吉亚的军事打击，首先可以说是对美国为首的北约和欧盟打压俄罗斯战略空间的剧烈回应，必将延缓北约和欧盟的东扩速度。其次，也可以对发生"颜色革命"后向西方投怀送抱的乌克兰起到敲山震虎之效。由于在科索沃问题上，美国和西方盟国提出"人权高于主权"，肆无忌惮地干涉别国内政，生生将科索沃从塞尔维亚分离了出去，俄罗斯此次也高举"人权高于主权"的旗号，以维护俄罗斯人利益出兵格鲁吉亚，并通过承认南奥塞梯和阿布哈兹独立肢解了格鲁吉亚。也是由于格鲁吉亚不周密的军事行动和被俄罗斯抓住了"人权"与"主权"逻辑关系的漏洞，再加上陷于伊拉克战争而无力顾暇其他，所以美国只能以"坚决地支持外高加索地区的民主"，"科索沃是一特例"而"南奥塞梯和阿布哈兹的状况，完全不能与科索沃相比"来回应俄格两国，而实际上美国根本没有下一步如何行动的具体预案，这就使得俄罗斯在俄格冲突中一直占有相当的主动性。

马汉的"海权论"曾强调了海权对于国际政治和国家权力地位的重要意义。马汉认为，控制海洋特别是控制具有战略意义的

狭窄航道，对大国来说是至关重要的。海洋权力与国家的实力和繁荣密切相关，一个国家获得海洋权的能力取决于它的地理形态、陆地形态、领土范围、人口、民族特性和政府形式，他指出："如果一个国家占有这样的地利，使它不必再陆上保卫自己，也不可能存在从陆地上扩张其领土野心，那么，同一个拥有陆上疆界的国家相比，由于它的目标是一心一意地指向海洋，它就占有一种优势。"而"影响海权发展的领土范围，不只是指一个国家总面积的平方英里数，而且还包括它的海岸线的长度和将要被考虑的港口的特点"。

在马汉生活的年代里，世界海权头号强国是日将西下的大英帝国，美国通过内战和1899年的美西战争，国力迅速增长，崛起为新的世界强国。马汉当时就希望美国能和英国联合起来，然后加上日本和德国，来共同对抗陆权强国俄国的威胁。他没有想到的是，德国以及30年代日本的积极扩张政策，导致了美英日德的联合构想没有实现，而英国在两次世界大战中的实力大跌，美国直接取代了英国成为世界头号海权强国。但是马汉的这一想法深深影响了美国总统西奥多·罗斯福，于是其大力发展美国海军，为美西战争以及20世纪的强大打下深厚的基础，同时对于冷战后美国所采取的包围前苏联政策也提供了理论依据。

马汉在1900年3月发表的一篇关于亚洲的文章中提到，陆权国家由于在陆地上占有巨大优势，因此会竭尽所能的尽自己最大努力发展自己的海权力量，就俄国而言，幅员辽阔、连绵不断的俄帝国版图在领土上的连续性上绵延伸展，从西部小亚细亚的顶端一直向东延伸，直至跨过日本的顶端。在这一巨大的空间跨度内，没有任何政治上的障碍可以干涉，阻止可调配力量的集中军事行动。在俄罗斯控制的版图内，只有距离本身

的阻碍以及由自由条件形成的阻碍。但是，俄罗斯领土中只有一些部分，以及那些相对于整体领土而言面积很小，没有影响的部分，享有海洋贸易带来的益处。因此，就俄罗斯的利益来说，不仅要在更多地方到达海洋，享有更高的独立性，而且要通过占领和控制来获得其他广泛海洋区域的使用权，其回报会有助于全部帝国的整体繁荣。

为了防止俄国打开通往各个大洋的入海口而在享有巨大陆权优势的基础上，减少与海权大国的海权差距，海权国家必须阻止俄国的这一举动，正如两次世界大战中，美英对德国海岸线的封锁一样。然而由于俄罗斯在政治上的统一及其地理上的连续性，可能对其施加的对抗性影响虽然多种多样却分散在各处。因此海权国家必须联合起来，因为它们有着共同的利益而找到某种统一各方的动机，既有毫无保留的商业贸易，也有在所涉及地区的畅行无阻。那么以何种方式和在何地才能对俄罗斯的领土要求做出让步呢？还剩有两个地区，也只有两个；两者都不是完全符合要求的，也正是这一事实确定了斯拉夫民族在本质上远离海洋。首先是波斯湾，从里海海岸经由陆地穿越波斯可以到达那里；其次是中国沿海地区，穿越西伯利亚可以到达。而格鲁吉亚就处在马汉所说的第一个阻止俄罗斯进入海洋的地方，海权国家这样做的目的是要达到一种平衡，从而使每一方都能通过自然选择而找到自己的适当位置。美俄双方的斗争在地缘政治看来，就是陆权大国和海权大国的角力，而处于海权大国和陆权大国之间的格鲁吉亚自然也就成了战场。

对于俄罗斯来说，格鲁吉亚的意义还在于，尽可能的恢复俄罗斯在黑海的海权力量。布热津斯基在他的《大棋局》中指出，

第二章 "北极熊"重新崛起

前苏联解体，对于俄罗斯来说最麻烦的事是乌克兰的独立，"一个独立的乌克兰国家的出现不仅迫使所有俄罗斯人重新思考他们自己的政治和民族特性的性质，而且也是俄罗斯在地缘政治上遭受的重大挫折。……乌克兰的独立也使俄罗斯失去了它在黑海的主导地位。""即使失去了波罗的海诸国和波兰，一个依然控制着乌克兰的俄罗斯仍可争取充当一个自信的欧亚帝国的领袖，……但丢掉了乌克兰……，莫斯科任何重建欧亚帝国的图谋均有可能使俄罗斯陷入在于民族和宗教方面已经觉醒的非斯拉夫人的持久冲突中。""俄罗斯失掉其在波罗的海的主导地位的一幕在黑海重演，不仅是由于乌克兰的独立，也是因为格鲁吉亚、亚美尼亚、阿塞拜疆这些新独立的高加索国家，为土耳其恢复其一度失去的本地区的影响增加了机会。1991年以前，黑海是俄罗斯海军力量进入地中海的出发点，到20世纪90年代中期，俄罗斯在黑海仅剩一小条的沿岸地带。"在乌克兰经过"颜色革命"，亲俄罗斯的前政府被推翻，亲西方的尤先科加紧了乌克兰向北约和欧盟靠拢的步伐，如果没有重大变故的话，俄罗斯已经失去了乌克兰。前苏联解体后，根据乌俄签署的有关政府间协议，俄黑海舰队将继续驻扎在乌克兰克里米亚半岛的塞瓦斯托波尔军港，驻扎期限至2017年。

最近一段时间，两国多次就黑海舰队驻扎期限届满后的安排问题发生争执。俄罗斯希望到期后续租，乌方则表示坚决反对，尤先科8月13日签署命令，规定俄罗斯黑海舰队进出乌克兰国境及在乌境内驻地以外调动必须严格遵守相关程序。因此格鲁吉亚的阿布哈兹自治共和国的苏呼米和奥恰姆奇拉港对于俄罗斯的作用就日显重要。俄罗斯最近恢复了包括波罗的海舰队和黑海舰队在内的例行远洋航行，可见俄罗斯希望恢复前苏联时期在远洋的

海洋军事力量存在。

虽然随着飞机的发明，地理因素对国家权力的制约较以前有所下降，意大利杜黑和美国米切尔在各自的《制空权》和《空中国防论》中都提到了制空权的巨大作用，但是对于希望成为能与美国平起平坐的俄罗斯来说，获得远洋海军投送能力是它必须要做的，而格鲁吉亚对于俄罗斯进入黑海以及地中海、印度洋的战略来讲，都是俄罗斯必须要克服的，俄罗斯绝对不会允许格鲁吉亚投入美国和西欧的怀抱，而成为阻止俄罗斯进入大洋链条上新的一环。

俄格冲突实际上是一场美国代理人与俄罗斯之间的战争。过去，也曾经发生过美国代理人与前苏联的战争，比如上一次阿富汗战争，最后以前苏联的失败告终。然而，今天的这场战争与以前发生战争有所不同，这是一个国家内部发生的民族独立运动，而且这一民族独立运动受到了强大的邻国俄罗斯的支持，这场战争也成为俄罗斯捍卫国家利益的战争，也成为自冷战结束后捍卫俄罗斯国家最后一道防线的战争，俄罗斯没理由不倾尽全力来进行这场战争。因此，俄罗斯警告其他的国家，不要被格鲁吉亚拖下水。在普京任总统的时代，就明确宣布为了捍卫国家利益，不排除首先使用核武器，明显就是对西方国家的一个警告。俄格战争中俄罗斯曾出动战机向格鲁吉亚境内唯一不受俄罗斯控制、由阿富汗直通土耳其的石油管道发射了51枚导弹，令供向西方的石油受阻，此举明显是警告西方国家不要干预，否则将无法保证西方的石油供应。美国国家安全官员接受美国有线新闻网络访问时也公开表示，美国很难因格鲁吉亚一个小地方出兵，尤其是美国在化解伊朗核危机上需要俄罗斯的协助。虽然美国公开卷入这场格俄战争的可能性微乎其

微，但美国也不会在格鲁吉亚问题上善罢甘休，因此俄格之间的冲突不会轻易结束。

在南奥塞梯的格鲁吉亚狙击手

第三章 伊朗核问题愈发严峻

第一节 美国暗定攻伊计划

软硬兼施无进展

伊朗核计划开始于20世纪70年代,在美国的支持下,当时亲美的巴列维政权准备用15年时间在全国建20个核电站,其总发电能力为2.3万兆瓦,美国还向伊朗提供了一座5兆瓦的游泳池式反应堆用于研究。但1979年伊朗伊斯兰革命爆发后,美国从根本上改变了对伊朗的态度。美称,伊朗有丰富的石油、天然气,根本没有必要投巨资建核电站。美国曾多次指责伊朗以"和平利用核能"为掩护秘密发展核武器,并对其采取"遏制"政策。2002年9月,美国的卫星发现伊朗中部地区的纳坦兹和阿拉克有可疑建筑物,认为是浓缩铀加工厂和重水反应堆设施。

为此,美国不但要求国际原子能机构加强核查,还竭力推动将该问题提交联合国安理会讨论。2003年初,伊朗宣布发现并提炼出能为其核电站提供燃料的铀后,美国对伊朗核能开发计划提出"严重质疑",并多次警告伊朗停止与铀浓缩相关的活动,甚至威胁将伊朗核问题提交联合国安理会。国际原子能机构也通过多项相关决议,要求伊朗与其合作,签署《不扩散核武器条约》附加议定书,终止铀浓缩活动。在国际社会,特别是在代表欧盟

第三章 伊朗核问题愈发严峻

的法国、德国、英国积极斡旋下,伊朗采取了一系列积极举措。2003年12月18日,伊朗正式签署了《不扩散核武器条约》附加议定书。2004年4月,伊朗宣布暂停浓缩铀离心机的组装。

为说服伊朗彻底终止铀浓缩活动,德法英3国还与伊朗举行了多轮会谈,并于2004年11月初在巴黎初步达成协议。由于双方在关键问题上的分歧,巴黎协议未能得到落实。为了打破伊朗核问题的僵局,2004年12月,俄罗斯向伊朗递交了两国在俄境内建立铀浓缩联合企业的提议,以确保伊朗的核技术不会用于军事目的。但伊朗表示其铀浓缩活动必须在本国境内进行。2005年1月3日,伊朗宣布已恢复中止两年多的核燃料研究工作,并于10日在国际原子能机构的监督下揭掉了核燃料研究设施上的封条,正式恢复核燃料研究活动。此举引起国际社会的强烈反应。3月28日,安理会通过要求伊朗在30天内中止一切核活动的主席声明。6月1日,俄罗斯、美国、中国、英国、法国和德国举行外长级会议,提出一项旨在解决伊朗核问题的新方案,并要求伊朗尽快对这一方案做出答复。

伊朗认为,六国方案虽包含"积极措施",但也有"模糊不清之处",有待进一步探讨,并多次表示将在8月22日前对六国方案做出答复。由于伊朗的消极反应,六国外长7月12日在巴黎发表声明,决定将伊朗核问题重新提交联合国安理会。尽管声明隐含制裁的威胁,伊朗依然重申,伊朗尊重国际法和国际准则,但决不放弃获得核技术的权利。7月31日,联合国安理会通过了关于伊朗核问题的第1696号决议,要求伊朗在8月31日之前暂停所有与铀浓缩相关的活动,并呼吁伊朗与国际原子能机构开展合作。但伊朗表示,伊朗的铀浓缩活动只会继续和扩大,不会中

止。伊朗核问题在 2006 年初成为美国伊朗关系的核心问题，并成为美国伊朗战争的潜在导火索。

恨之入骨难下手

布什在入主白宫后首次发表的《国情咨文》中就把伊朗与伊拉克和朝鲜一起列为"邪恶轴心"，并表示如果伊朗拒绝放弃其核项目，美国将不排除对伊朗实施军事打击的可能性。美国为什么这么恨伊朗，在核问题上死死抓住伊朗不放呢？

首先，伊朗在海湾地区扼守国际重要水上通道，地处战略要冲，对美国推行中东战略关系重大。冷战期间，被称为"波斯湾闸门"的伊朗是两霸博弈的重要棋子。巴列维王朝时期，伊美亲密的盟友关系，支撑起美称霸海湾地区的战略平台，成功阻截了前苏联对海湾的渗透。1979 年伊朗爆发伊斯兰革命后，霍梅尼视西方价值观为洪水猛兽。德黑兰新的政治取向致使美在海湾失去了昔日的战略门户。1991 年海湾战争前后，美更多的是借助伊拉克平抑伊朗。当初老布什未乘胜直捣巴格达，即有"以伊制伊"的深谋远虑。结果，原本与伊朗并处海湾强国地位的伊拉克江河日下，伊朗却依托自身国力不断坐大。根据国际货币基金组织的数据显示，伊朗 2000～2004 年间 GDP 的年增长率分别为 5.3%、5.9%、6.7%、6.1%、5.7%，2004 年的 GDP 达 1410 亿美元。与此同时，伊朗的军事力量也有所增强。近几年来，伊朗不断提高导弹的射程和威力，将改进型导弹装备部队，形成新的战斗力。现在的伊朗不仅已成为海湾地区综合国力和军事力量最强的国家，而且是该地区极少数敢对美国说"不"的国家之一。因此，美国把伊朗看成眼中钉和肉中刺，如果伊朗获得了核武，那么对美国

第三章　伊朗核问题愈发严峻

和它正在进行的反恐战争都将是一个巨大的潜在威胁。

伊朗装甲部队

其次，伊朗和伊拉克两国约95%的居民都信奉伊斯兰教。在伊朗的穆斯林中，什叶派约占90%；在伊拉克的穆斯林中，什叶派约占60%，其余为逊尼派。海湾战争后伊朗公开提出输出伊斯兰革命，就令美惶惶不安。伊拉克战争后，伊朗让伊拉克的什叶派穆斯林宗教领袖哈基姆回到伊拉克，利用他的强大精神号召力组织伊拉克什叶派穆斯林，反对美国在伊拉克的军事存在。美国极为担心伊朗利用与伊拉克境内什叶派的关系进行渗透、扩张势力，以影响伊拉克的政治稳定和经济、安全重建。

再次，伊朗境内已探明的石油储量居世界第三位，2003年伊朗的石油产量居世界第四位。如果美国如同在伊拉克一样改变了伊朗现政权的性质，就可以控制伊朗的石油，那么整个海湾地区的石油就尽数落入美国掌控之中，美国就可以借石油制约西欧、

日本和中国。

据报道，美国战略策划人员已提交了两个使用B-2隐形轰炸机对伊朗实施精确打击的方案。两套方案都建议动用美国密苏里州怀特曼空军基地、太平洋关岛的安德森空军基地、印度洋的迪戈加西亚空军基地作为B-2隐形轰炸机的起飞点。英国皇家空军设在格洛斯特的费尔福特空军基地也有供B-2轰炸机起降的设施，但由于英国不赞成对伊朗动武，美国不打算动用该空军基地。第一套建议对伊朗境内的400个关键目标进行持续5天的连续轰炸。这400个关键目标包括24个与核有关的设施、14个军用机场和雷达设施、伊朗伊斯兰革命卫队总部，至少有75个目标是地下设施，美军计划使用钻地炸弹实施打击。潜射战斧巡航导弹准备用来攻击伊朗的雷达网络和防空基地，从印度洋和海湾起飞的舰载机则准备在导弹攻击波之后继续对雷达网络和空防基地实施压制。第二套作战方案与第一套作战方案的最大区别是，建议只对一个或两个高知名度的目标发动展示性攻击，比如对伊朗中部的纳坦兹的铀浓缩设施或伊斯法罕的六氟化铀气体工厂发动打击。

伊拉克战争以后，在美国的军事多米诺骨牌游戏中，阿富汗骨牌和伊拉克骨牌已先后倒掉，对其中东宿敌——伊朗实施军事打击的条件更加成熟。然而，面对巨大的压力，伊朗方面毫不示弱，伊朗国防部长沙姆哈尼在面对世界上最强大军事机器发出的威胁和警告后的表态："伊朗不是伊拉克。"伊朗的确不是伊拉克。它的综合国力是海湾地区最强的，人口是伊拉克人口的2.5倍多，国土面积相当于伊拉克的4倍。近几年来，伊朗经济发展在中东、海湾地区是比较突出的，经济年增长率超过5%。随着

第三章　伊朗核问题愈发严峻

经济的迅速发展，伊朗的军事力量也得到了很大提升。前不久，伊朗媒体引述伊最高领袖哈梅内伊的高级助手阿里·西拉兹的警告称，如果美国或者以色列向伊朗发射任何"子弹或者导弹"，伊朗军队就会攻击以色列的中心城市以及美国在波斯湾地区内的32个军事基地。伊国防部也表示，将对任何袭击做出"毁灭性的反应"。伊朗发出这样的警示并非危言耸听，而是基于相当强的军事实力。伊军拥有数百枚弹道导弹，其中的"流星–3"地对地导弹射程达2000千米，可覆盖整个以色列本土和美军在中东的所有基地。伊空军还拥有"图–22"等远程轰炸机，可装载6吨炸弹攻击4000千米远的目标。

伊朗研制的可以覆盖整个以色列和美军在
中东所有基地的"流星–3"弹道导弹

拥有大量穆斯林人口的国家马来西亚也警告美国，如果执意打击伊朗将会孤立无援。马来西亚总理巴达维称，包括美国盟友在内的国际社会都强烈反对美国采取类似的军事行动。担

任伊斯兰大会组织主席职务的巴达维说："欧洲不赞成美国的做法，就连美国最亲密的盟友英国也反对，我相信没有一个国家会同意。伊斯兰国家绝对不会同意美国对伊朗实施打击。和平对话应该成为解决伊朗核问题的首选方案，而不是采取军事行动去解决。"

第二节　以色列迫不及待想单干

危机感空前强烈

以色列开国总理本·古里安说过："我无法不通过'安全眼镜'看待一切。任何事情只要是安全的，就有一切；但若是不安全的，就一无所有。"长期以来，以色列正是通过"安全眼镜"密切关注着伊朗。以色列一向视伊朗和伊拉克为潜在威胁，伊拉克战争后，随着萨达姆政权被推翻，伊朗一举跃为以色列的头号敌人。近期，以色列突然拉开了攻击伊朗核设施的架势，不仅以出动100多架战机举行了历时3天的大规模军事演习，还公开展示了最先进的预警飞机，并接连派遣高官前往美国游说，劝美为其对伊动武开"绿灯"。以色列决心摧毁伊朗核设施并非一时"心血来潮"，而是长期不安全感的积淀。此时做出对伊动武的姿态，主要基于对伊威胁认识的深化和打伊紧迫感的增强，及其政治、外交、军事等方面更深层次的考虑。

以认定，目前在中东地区既有强烈意愿，也具备足够能力对以国家安全构成直接威胁的只有伊朗。首先，伊朗明目张胆的反以、仇以立场和言行令以色列提心吊胆。早在1979年伊朗伊斯兰

第三章 伊朗核问题愈发严峻

革命后,宗教领袖霍梅尼就将以色列视为伊斯兰世界不共戴天的仇敌,称之为"小撒旦"和应当从中东除去的"一块毒瘤。"不少伊朗人都将"消灭以色列"当成一句口头禅。就连"务实派"代表、前总统拉夫桑贾尼也曾公然威胁要用一颗原子弹"荡平"以色列。伊朗政府迄今不承认以色列的生存权,官方文件在提到以色列时,只称之为"犹太复国主义实体"或"犹太复国主义政权"。2005年10月26日,在德黑兰举行的"世界无犹太复国主义"大会上,新总统艾哈迈迪·内贾德公然声称"应将以色列从地图上抹去",后又进一步明确表示他的这一言论代表伊朗对以色列的长期政策。2006年4月15日,内贾德在德黑兰又一次公开表示,以色列是中东地区的"永久威胁",并"正在走向毁灭"。他的言论更强烈地刺激了以色列人的神经。其次,以色列认为,伊朗一直背后支持反以武装力量,既是哈马斯等巴勒斯坦激进组织的"后台老板",又是黎巴嫩真主党的坚强后盾。据以情报部门掌握的情况,哈马斯下属军事派别"卡桑旅"在武器供应和训练方面得到伊朗暗中支持,一方面,伊朗派遣军事人员到加沙地带为该组织提供培训;另一方面,一些该组织成员也前往伊朗接受高级培训。与此同时,伊朗还为黎真主党提供人员训练、财政资助和武器援助,支持其从事反以军事行动。更为重要的是,近年来伊朗拥核能力不断增长令以色列惴惴不安,加重了其摧毁伊核设施的紧迫感。

2005年12月,据以情报机构估测,伊朗将在未来2~4年内拥有核武器。2006年2月,伊朗通过在纳坦兹的第一个离心机组生产出少量低浓度核燃料。10月,伊朗罔顾美国等西方国家的制裁,又开始测试第二个由164台离心机组成的离心机组,进一步

增强铀浓缩能力，并计划在纳坦兹建立3000台离心机。2007年年初，以色列情报部门发布的评估报告认为，伊朗两年内有望获得可以制造核武器的浓缩铀。一年后，美、以最新情报又进一步印证，伊朗最晚于2009年年底将生产出足够制造出一枚核武器的高浓缩铀。

以色列认为，伊朗一旦具备生产核武器的能力，很快就将批量生产带有核弹头的导弹，对以形成致命威胁。因此，以方坚信，必须在伊朗触及这条"红线"之前动手，才能确保自身的安全。与之相应，以色列领导层认为目前伊朗虽表面做出谈判的姿态，但其背后隐藏的真正策略是为其核计划"争取时间"。鉴于此，以色列对欧盟就核问题积极与伊朗进行对话的做法极为不满，并将欧盟负责外交政策制定的领导人视为"现代张伯伦"，指责其对伊实行"绥靖"政策。不仅如此，以色列还担心伊朗在拥有核武器后，不但会"传授"给叙利亚、黎巴嫩真主党等反以力量，而且将进一步加剧地区核竞赛。近年来，埃及、沙特阿拉伯、叙利亚、约旦、土耳其和阿尔及利亚等中东国家纷纷对伊朗的核计划做出反应，越来越表现出对"民用"核项目的强烈兴趣。中东拥核国家增多势必打破以色列在该地区的核垄断地位，增加其不安全感。这是以方决不愿看到的结果。

全方位策划演练

以色列视伊朗发展核技术为"心腹之患"。一直以来，以色列除了密切跟踪伊朗的核动向，还积极地为武力摧毁伊核设施进行军事、舆论和外交准备。

外交上，以色列努力分化拉拢伊朗的传统"盟友"，进一步

孤立伊朗。叙利亚、黎巴嫩真主党和巴勒斯坦激进组织一向都是以色列的"死对头",以色列对这些反以势力一向持强硬态度。然而近来以色列却一反常态,采取了一系列异乎寻常的外交举措,比如说主动与叙利亚恢复和谈,与黎巴嫩真主党交换战俘,以及与哈马斯等巴勒斯坦激进派别在加沙地带实现停火等。这些举动与以军大张旗鼓的军事演习形成鲜明对照,令人感到其中似乎隐含着对这些伊朗的"好兄弟"们进行"安抚"之意,有"明修栈道,暗度陈仓"之势,不失为打击伊核设施前期准备的另一种方式。舆论上,以色列则大肆渲染"伊朗威胁论",称伊朗为"世界头号恐怖主义国家",强调伊朗发展核武器的目标不仅是以色列,而是企图"称霸整个中东",伊朗拥有核武器对整个世界将是"灭顶之灾"等等。

军事上,以色列未雨绸缪,大力制订和演练针对伊朗核设施的攻击行动。2003年11月,因认定伊朗在过去10年正以"比美国估测更快的速度"获取核能力,以色列对外情报局(摩萨德)局长梅尔·达甘在议会委员会发表讲话称,伊朗已对以色列构成"现实威胁";时任国防部长莫法兹也在访美期间强调,一个拥有核武器的伊朗是"不可容忍"的。同时,以扬言"如有必要",将对伊采取"先发制人"的军事打击。2006年5月8日,时任副总理佩雷斯在接受媒体采访时警告:"伊朗总统应记住,伊朗也有可能从地图上被抹去。"

2006年7月,在以军与黎巴嫩真主党开战前,以空军司令埃利泽尔·什克迪少将被任命为"伊朗作战司令部"总指挥,负责制定作战计划、统筹各兵种行动、协调各情报机构的工作等。2007年1月7日,英国《星期日泰晤士报》披露一则消息,称以

军已将三处伊朗核设施列为重点打击目标,其中包括位于纳坦兹的浓缩铀工厂,位于伊斯法罕的铀转化设施和位于阿拉克的重水反应堆。以军方认为,摧毁这三处地点的核设施,就能够推迟伊朗核计划的完成。根据此计划,以军需首先使用常规激光制导炸弹,在位于纳坦兹的核工厂所在地炸出通道,随后向地下深处投放并引爆微型核弹。为实现该计划,在以色列内格夫沙漠地区和特拉维夫南部特尔诺夫空军基地内的两支以军突击队进行了实战训练,主要项目一是演练使用低当量钻地核弹摧毁模拟的伊朗核设施,二是在以色列与直布罗陀海峡之间演练长距离往返奔袭战术。同时,以军拟定的三条空袭路线也已在地图上详细标注:一条是北线,即从北部飞过地中海,然后转向,由土耳其东部飞往伊朗,全长2220千米;另一条是东南线,即穿过约旦和伊拉克东北部飞抵伊朗,全程2410千米;第三条是沙特线,即先向东南飞,然后沿着沙特和伊拉克过境一直向东飞至波斯湾,再转向北飞至伊朗。2008年6月上旬,以军调动百余架次战机进行了模拟空袭的演练。此次军演的特点一是范围广,覆盖从地中海东部直到希腊附近空域的广大地区;二是规模大,参演战机数量大大超过往年夏季例行军事演习(30架),共有100多架F-15和F-16战斗机参加了演练,其中还包括参加过1981年空袭伊拉克核反应堆的空军F-16中队;三是针对性强,演习环境与攻击伊朗的实战如出一辙。在这次演习中,以空军重点演练了远程奔袭战术,包括飞行、空中加油以及如何应对在实施空中打击过程中可能遇到的一些具体问题等。参演的直升机和空中加油机飞行航程设定在900英里(约1450千米),恰恰与以色列到伊朗纳坦兹核设施所在地之间的距离相吻合。此次演习向伊朗、美国及欧洲等发出信号，即以色列有能力单独对伊朗采取军事行动。

2008年6月中旬，据德国《明镜》周刊报道，以政府内部就攻打伊核设施达成广泛共识，一致认为如有必要，可"在没有美国参与的情况下"采取军事行动。7月10日，以国防部长巴拉克对媒体暗示，以军已经做好准备，一旦国家安全受到威胁，将毫不犹豫地袭击伊核设施。8月1日，以副总理莫法兹在美国华盛顿近东政策研究所发表演讲时再次强调伊朗核武器项目对以色列构成"现实威胁"，并称解决伊朗核问题的"所有选择都摆在桌面上"，并指出"决不允许纳粹屠杀重演"。

近两年来，以空军增加了境外演练的次数，先后在美国、加拿大、欧洲及整个地中海地区，对飞行员和战机实施执行远程作战任务的密集训练。当前，以空军拥有战斗机、攻击直升机、预警机、无人侦察机和空中加油机等各类飞机近千架，能满足各种作战需求。其中战斗机配备的空对地攻击武器最为先进，如美制"小牛"空地导弹、"宝石路"等系列激光制导导弹、"风偏修正弹药"、CBU-87集束炸弹；还有以色列自行研制的MSOV远程撒布器（采用全球定位系统制导，导弹重1050千克，射程100千米，内装反坦克地雷、多用途子弹药。）、AGM-142防区外空地导弹等。以色列还斥资数亿美元，从美国订购了5000枚"智能炸弹"，其中包括500枚重达874千克的BLU-109型和100枚带精确制导BLU-113型"钻地炸弹"，可穿透数米厚的钢筋混凝土墙进行延迟爆炸。据有关专家分析，摧毁伊朗纳坦兹、伊斯法罕和阿拉克三处主要的核设施共需48枚炸弹。其中，最大限度地破坏纳坦兹浓缩铀工厂需要24枚BLU-113型炸弹，炸毁伊斯法罕的铀转化设施则需要12枚BLU-109型炸弹。

2004年4月，以色列还向美购买了102架为其"量身定做"的最新型F-16Ⅰ战机。这些战机的特点在于：一是内部设备和外形都进行了重大改进，采用了当今最先进的技术装备，如综合航电设备、具有动态导航功能的玻璃座舱、保形油箱、头盔瞄准具、前视红外探测器、先进的电子战系统、被动式机载报警系统以及由以色列飞机工业公司（IAI）提供的先进武器系统等，使战机具备了同时与多个目标交战和全天候精确攻击的能力；二是采用了特制的加大油箱，增加了作战半径和续航能力。它具有两个可拆卸的保形油箱，可携带450加仑航空燃油，且机翼油箱容量也增加到600加仑，从而大大增加了作战半径和续航能力，减少了对空中加油机的依赖。这样，以空军的打击范围就可涵盖包括伊朗在内的整个中东地区；三是机载雷达升级为美国研制的AN/APG－68（V）9多模态雷达，比以军已有战机雷达的探测距离要远30％，而且还增加了可绘制和显示高分辨率地图的合成孔径雷达模式，增强了实施空中打击的命中率。

以色列空军的F-16Ⅰ战机

此外，多年积累的丰富空袭经验则是以军克敌制胜的"法宝"。以空军曾有两次远程空袭的成功经验。1981年6月7日，以色列出动14架战机长途奔袭伊拉克，在短短几分钟内彻底摧毁了巴格达附近的奥西拉克核反应堆。2007年9月6日，以色列又派出两架战机，一举摧毁了叙利亚东北部齐巴尔地区一座疑似核反应堆的建筑。据此，以军方认为，以色列打击伊朗"有先例可循"，并汲取为突袭伊拉克核设施所做战前准备的经验，利用内格夫沙漠地区的纳塔兹铀浓缩设施等便利条件，进行了多次模拟攻击伊朗核设施目标的演练，更增强了取得成功的信心。

还得看美国脸色

虽然美以关系密切，但是在对付伊朗快速推进的核计划上，美国和以色列新政府之间已经产生了不容忽视的公开的分歧。美国总统奥巴马声明，他决不会接受伊朗的核武化，但美国不同意以色列攻击伊朗，因为这将给中东脆弱的安全形势雪上加霜，还可能引发新一轮核军备竞赛，这对中东所有国家，包括伊朗与以色列，都将后患无穷。而以色列认为伊朗拥有核弹后首先要打击的就是自己，美国现在根本是在纵容伊朗获得核武器。7月5日，美国副总统拜登在电视节目上表示："以色列可以自己决定什么是他们的国家利益，并决定他们对伊朗或其他国家的所作所为。"这一表态被解读为美国为以色列攻打伊朗开了绿灯。对此，奥巴马政府立刻解释，拜登的意思是美国对伊朗依旧敞开谈判的大门。同时美国海军将领麦克·穆伦还在福克斯新闻节目中警告，若对伊朗的实施军事行动将付出昂贵代价，其后果将难以估量。他补

充道:"我认为当我们处理伊朗问题时,最重要的是我们除了谈判,不采取任何行动,包括军事行动。"据美联社报道,以色列国防部长巴拉克在与来访的美国国防部长盖茨举行的联合新闻发布会上,曾3次重申以色列将竭尽所能阻止伊朗获得核武器,似乎隐含着要先发制人打击伊朗的意图。巴拉克表示:"我们坚信将不排除任何可能。""这就是我们的政策。我们劝别人也站在同样的立场上,但我们无法强加于人。"

以色列虽然具备空袭伊朗核设施的强烈意愿、强大的远程攻击力及良好的防御体系,但若要真正实施攻伊作战计划仍面临不少障碍。总体来看,国际社会普遍反战,包括欧盟、俄罗斯、中国在内的主要大国和集团,以及阿拉伯乃至广大穆斯林国家,均明确反对用武力解决伊核问题。但从以色列的角度讲,能够对其打伊军事行动形成制约的主要因素还是来自以下几方面。首当其冲的是,能否得到美国的支持至关重要。以色列作为一个在战火中诞生的弹丸小国,1948年建国之初安全环境险恶,外交孤立,军事力量孱弱,经济基础脆弱,时刻面临"夭折"的危险。60年来,主要得益于美国在军事、政治、经济等方面的大力支持和援助,才使得以色列由弱变强,成为中东地区的"超级小国"。由此,倚重美国自然成为以色列对外政策的"基点"。换句话说,就是以色列在制定外交政策时,总是将维护以美同盟列为"首选项"。已故总理拉宾曾说过:"以色列外交政策的底线就是不能开罪美国,不能冒美国取消对以援助的风险。"

从历史上看,当两国利益发生冲突时,以色列向美国屈服的例子不胜枚举。鉴于此,尽管以色列扬言要单独对伊朗动武,但

实际上不可能不顾忌美国的意见，更不敢冒打乱美国中东战略部署、损害美国在中东战略利益的风险。目前，美国对解决伊核问题的总体考虑是，在外交、制裁和封锁等办法用尽，且都行不通的情况下，不排除诉诸武力。美国国防部长罗伯特·盖茨也曾表示，对伊朗采取军事行动将是"最后的选择"。显然，动武并非美国解决伊核问题的首选方式。

目前，美国虽仍对伊朗态度强硬，但通过"怀柔"政策阻伊发展核武的意向趋强。前不久，国务院三号人物、副国务卿伯恩斯"破天荒"地参加了在日内瓦举行的有关伊核问题的六方会谈，同时盛传美国欲在伊朗设立利益代表处。美国政府还致力于通过教育、文化和体育交流等方式，加强两国民间交往。在美国国会支持下，"美伊民间交流计划"实施顺利。美政府还与美国奥委会合作，邀请伊朗国家乒乓球队访美。尽管美方高层有意将以色列推到对伊动武的前台，但也不会不考虑若以军事行动失败或达不到预期效果，将会让美国付出的政治和安全代价。一个可以预见的后果就是，即便以色列抛开美国单独行动，美国也难以摆脱为以开"绿灯"的干系，从而严重影响美国与阿拉伯国家乃至整个伊斯兰世界的关系，且面临招致疯狂报复的危险。美国防部的一些官员认为，以色列攻打伊朗核设施是"高风险的"，一旦伊朗进行报复，驻伊拉克和阿富汗的美军将受到危及，所以对以空袭伊核设施计划持抵制态度。就连强硬的主战派，前副总统切尼也警告说："（以色列对伊朗动武）搞不好将使美国被迫出面收拾烂摊子。"由于美国控制着伊拉克和波斯湾地区进入伊朗的领空，因此以色列至少要在得到美国默许的情况下才能实施其攻击计划。最近，美国不但拒绝了以高层对美方提供进攻型武器的

天平的砝码：当今世界军事热点

要求，而且明确表示，若以单独攻击伊核设施，美国不会为其提供军事支援，也不会允许以军使用在伊拉克的美军事基地来做后勤保障。加上以色列不具备战略轰炸机等重型攻击武器，单凭自身力量无法彻底摧毁伊朗核设施。因此，在没有美国鼎力相助的情况下，以色列对伊朗动武恐怕还须三思而后行。

第四章　朝核风起云涌

朝核问题，是朝鲜对外关系中的一个重要问题。同时，也是牵动亚太地区乃至全球安全的一个敏感问题。近年来，朝鲜半岛危机四伏，国际社会密切窥视朝鲜一举一动。

第一节　朝核问题的由来

朝核第一次危机

朝鲜核计划始于20世纪50年代。朝鲜战争结束后，美国通过1953年10月签订的《朝美共同防御条约》获得了在韩国无限期驻军权，并于1958年开始在韩部署核武器。据报道，美国一度在韩国部署过1000多件不同类型的战术核武器，建有4个长矛地对地导弹发射场和144个奈基式Ⅱ型地对空导弹发射场。美国还曾多次对朝鲜进行核威胁。在1950、1953、1969、1975、1981年双方关系紧张时，美都曾扬言要对朝进行核打击。为此，朝鲜方面曾多次呼吁美国撤走部署在韩国的核武器，但在当时的背景下，美韩没有给予积极的回应。从20世纪60年代开始，为了解决资源短缺和电力能源供应紧张问题，朝鲜也开始了和平利用核能的研究，并逐步在宁边等地建立了核设施。到80年代初，朝鲜相继建成了6个核研究中心、2座研究堆、6座铀矿、3座二氧化铀转化厂、1座天然铀燃料元件制造厂、1座核电试验堆和1个核废物

贮存场，国内已探明可开采的铀储量达400万吨，基本建成了从铀矿开采到核废物处理的核燃料循环体系。

美国认定的朝鲜核工厂

1985年，朝鲜由前苏联援建的宁边核反应堆开始运转，后被美国侦察卫星发现，美向前苏联施压。朝鲜迫于前苏联压力于同年12月在核不扩散条约上签字。1986年，朝方发表声明，建议把朝鲜半岛变成无核区，并宣布北方不试验、不生产、不储存和不引进核武器，不允许建立包括外国核武器在内的所有军事基地，不允许外国核武器通过自己的领土、领海和领空。朝方同时呼吁美国撤走部署在南部的全部核武器，取消有关在朝鲜半岛使用核武器的所有作战计划。然而美韩仍未对朝鲜的呼吁做出积极回应。

1990年4月，美国国防部官员正式提出朝鲜核问题，质疑朝

鲜正在研制核武器。美日不断向北方施压，要求朝方签署核保障协定，接受国际社会的核检查。朝方则声明，朝方没有开发核武器的意愿和能力，但如果要进行核查，南北双方都要接受核查。美韩两国反复磋商后，美国决定从韩国撤走所有战术核武器。

1991年11月，韩国总统卢泰愚发表《为韩半岛无核化及实现和平的宣言》，第一次明确宣布：韩国将不制造、不拥有、不储存、不配备和不使用核武器；核能源只用于和平目的；遵守"防止核扩散条约"以及根据这一条约与国际原子能机构缔结的"核安全措施协定"；韩国国内的核设施与核材料接受彻底的国际检查，不保存核废料处理及浓缩设施。朝鲜方面迅速做出反应，就签署核保障协定问题提出四条建议：

（1）只要美国开始从韩国撤走核武器，朝鲜就在核安全协定上签字；

（2）对南方是否存在美国核武器和北方的核设施同时进行调查；

（3）朝美双方就同时核调查和消除对朝鲜的核威胁问题进行协商；

（4）朝鲜北南双方就不开发核武器和建立朝鲜半岛无核区问题进行协商。

12月18日，卢泰愚总统宣布：此时此刻，在韩国任何地方连一件核武器也不复存在了。布什总统表示对卢泰愚的宣言不持异议，表明美国已从韩国撤走了全部核武器。12月31日，北南双方草签《关于朝鲜半岛无核化共同宣言》，宣布双方都将不试验、不生产、不拥有、不储存、不部署、不使用核武器，双方保证不谋求拥有核处理和铀浓缩设施，相互进行有选择的核调查以及建立一个关于核问题的联合控制委员会。

1992年1月，北方宣布签署核安全协定，并接受国际原子能机构的核调查，朝鲜半岛的紧张气氛有所缓和。2月，双方互换《关于朝鲜半岛无核化共同宣言》的正式批准文本，并宣布从即日起生效。4月，朝鲜政府与国际原子能机构达成一项实行核保障的协议，随后接受了国际原子能机构的6次检查。在此基础上，朝韩双方达到了对对方核设施同时进行检查的协议，并组成了两国核控制委员会。朝鲜半岛核武器问题朝着积极的方向迈出了决定性的一步。

但是，由于双方在选定具体核查对象方面出现分歧，协议未能落实。南方主张采取"相互对等同数原则"，并要随时进行"特别调查"；而北方则主张"同时消除怀疑原则"，对美国在南方的核武器、核基地进行"全面调查"。北南双方的分歧为日后核危机问题的屡屡出现埋下了伏笔。

虽然朝鲜方面已多次申明自己没有生产核武器的能力和愿望，并已接受国际原子能机构的多次调查，但美方仍坚持认定北方已具备核开发能力，并断言朝方隐藏了核设施和核物资，要求朝鲜接受强制性检查。同样，虽然美韩方面宣布已经撤走部署在韩国的全部核武器，但朝方则坚持认为南方仍留有核武器。为向朝施压，韩美宣布恢复1993年的联合军事演习。朝鲜政府则宣布冻结同韩国进行的《不扩散核武器条约》的双边对话。

1993年2月26日国际原子能机构要求对朝鲜宁边附近两处存放生产核武器原料的场所进行特别检查。朝鲜认为国际原子能机构的要求是听命于美国，拒绝接受进一步的检查，同时，朝鲜针对美韩举行的以朝鲜为假想敌的联合军事演习，下令全国进入"准战时军事状态"。3月12日，朝鲜政府致函联合国安理会与核不扩散条约国，通报朝鲜正式退出《不扩散核武器条约》。5月

第四章　朝核风起云涌

11日，联合国安理会以13票赞成、2票弃权通过825号决议，要求朝鲜重新考虑退出《不扩散核武器条约》的决定。次日，朝政府发表声明，认为联合国825号决议是对朝鲜内政的干涉和主权的侵犯，朝鲜表示坚决反对，并警告美国必须对由此产生的后果承担全部责任。一时间，朝鲜半岛局势剑拔弩张，朝核危机达到高潮。

朝鲜退出《不扩散核武器条约》这一行为在西方世界引起了强烈反响，美国更是称其"是孤注一掷的行为，是疯狂、自我毁灭和鲁莽的举动"，美国一方面通过北京会谈劝说朝鲜撤销其退约决定，另一方面，向朝鲜频频发出警告，扬言要通过联合国对平壤实行经济制裁。朝鲜则声称自己"受到驻韩美军的核威胁"，核问题实质上并不是朝鲜同国际原子能机构之间而是同美国之间的问题。如果联合国安理会对平壤实行制裁，朝鲜将视其为"宣战书"。

尽管美国和朝鲜相互进行威慑，但并不想就此迎头相撞。为了解决问题，在各方努力下，美朝两国于6月在纽约举行了首轮会谈，朝鲜宣布暂不退出条约。7月，双方在日内瓦进行第二阶段会谈，发表美朝关于核问题声明，美国保证不以武力相威胁、不使用武力、向朝鲜提供轻水反应堆；朝鲜则同意尽快同国际原子能机构恢复接触，双方将就核保证和对朝鲜核设施检查问题进行磋商。

1994年2月，朝鲜与国际原子能机构通过谈判达成协议，同意对其7座核设施进行检查。但是，朝鲜于1994年5月14日开始自行更换燃料棒，使得局势再次紧张起来。美国认为朝鲜更换了在宁边反应堆的几乎所有8000个燃料棒，"越过了无法挽回的界限"。美国常驻联合国大使奥尔布赖特宣布了美国拟对朝鲜实

行两个阶段制裁的决议，美国国防部长佩里也威胁说进行先发制人的打击仍是一种选择。对此，朝鲜作出了强烈的反应，再次宣称将视一切制裁为宣战，并警告说，如果国际社会逼朝鲜的话，它将采取"果断的报复措施"。为了表示他的决心，平壤向日本海方向发射了一枚反舰艇导弹。朝鲜半岛一时战云密布。就在此时，美国前总统吉米·卡特宣布，应金日成主席之邀将对朝鲜和韩国进行私人访问。由于卡特的成功协调，美朝两国又重新坐到了日内瓦的谈判桌上，经过数轮艰苦的谈判，美朝终于在1994年10月21日在日内瓦签署了《核框架协议》。这一框架协议的基本要点是：

（1）华盛顿和平壤同意建立由美国领导的国际组织，为朝鲜建设两座轻水反应堆，以取代朝鲜的石墨核反应堆，为朝鲜提供能源；美国牵头在2003年前为朝鲜建造两座装机总容量为2000兆瓦的轻水堆核电厂。

（2）在轻水反应堆建设期间，为了缓解朝方因冻结核设施造成的能源危机，美国同意每年向朝鲜提供50万吨重油，直至轻水反应堆核电厂完工。

（3）朝鲜同意冻结并最终拆除其石墨反应堆以及其他相关的核设施，即不再向一座5兆瓦的核反应堆重新添加核燃料，停止两座石墨减速反应堆的建设，封闭核燃料处理厂，并表示将拆除这些设施。朝鲜当年早些时候更换5兆瓦核反应堆燃料棒时取出的8000根核燃料棒暂时留存在朝鲜，朝方负责对其进行安全贮存。

（4）美国向朝鲜做出正式保证，不对朝鲜使用核武器；朝鲜承诺将采取措施，实现朝鲜半岛的无核化，并表示它将不退出《核不扩散条约》。

（5）美国和朝鲜同意在各自的首都为对方设立联络处，并最终把双边关系升级为大使级外交关系。

美朝两国签署的《框架协议》使长达两年多的争端暂时画上了句号。

朝核第二次危机

朝鲜和美国在日内瓦签署核框架协议后，执行并不顺利。就在朝美达成核框架协议之后不久举行的美国中期选举中，共和党控制了众议院。共和党对克林顿政府的对朝政策颇为不满，便利用众议院中的多数对政府施压，导致克林顿政府在执行框架协议时踌躇不前，几乎无所作为。首先，总部设在美国的朝鲜半岛能源开发组织提供的资金难以到位，无法兑现于2003年前向朝方提供轻水反应堆的承诺。其次，从1997年开始，美国承诺每年提供的50万吨重油也一再推迟。其三，克林顿政府在改善美朝关系方面也没有实质性的举措，一直没有在平壤设立联络处的迹象。朝鲜政府的企盼落空，其不满情绪日益增长。

为了表示对美方不履行框架协议的抗议，朝方表示将不再实施对原子反应堆和燃料棒的封存。为此，美国怀疑朝鲜在继续从事核武器的开发，从1997年底起，美国国防情报局开始注意宁边以北40千米处金昌里的地下设施以及其他十来个设施并怀疑朝鲜在此地从事核武器的研究。1998年8月，朝鲜宣布成功发射"大埔洞1号"卫星（美国、日本等国认为是导弹）。随后11月，美国以侦察卫星发现在朝鲜金仓里隐藏有地下核设施为由，要求对朝进行检查，以证明朝鲜没有违反1994年的核框架协议，但朝鲜对美方的指责予以坚决否认，同时提出，如果美方坚持检查，在检查前必须给予3亿美元的补偿。在遭到美国拒绝后，朝鲜不再

坚持要现金补偿，表示可以用3亿美元的粮食补偿来代替，但这些要求都遭到了美国的拒绝，朝鲜半岛又再度紧张起来。

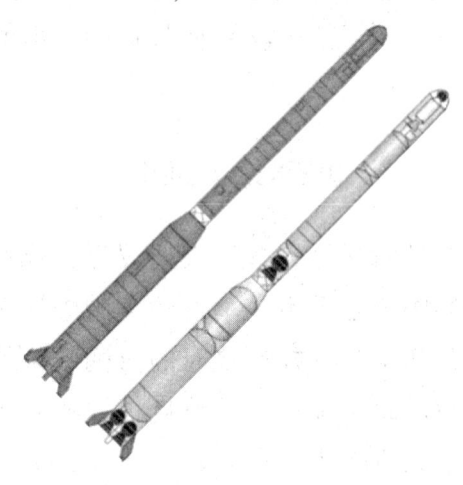

"大浦洞1号"导弹示意图

直到1999年3月中旬，美朝才就检查事项达成协议。5月中旬，美国的专家小组对朝鲜的"可疑地下核设施"进行核查，但是并没有发现朝鲜违反核框架协议的证据。

1999年5月，美国国防部长佩里访朝。随后，美国政府重新检讨了对朝政策，确立了对朝"接触和扩大政策"，并承认因内部原因延误了轻水反应堆的建设和如期提供重油，表示愿意为此提供补偿。作为回应，朝鲜同意在美国缓和制裁期间暂停发射远程导弹。1999年9月，朝美签订导弹问题协议。2000年10月，金正日的特使、朝鲜国防委员会第一副委员长、朝鲜人民军总政治局局长赵明录次帅访美。紧接着，美国国务卿奥尔布赖特访问平壤。朝美关系再度出现缓和迹象，双方关系几近正常化。不过，克林顿出访朝鲜的计划还是因强硬派的阻挠而搁浅。像此前出现的核危机一样，这次危机虽然再次得到化解，但核问题的症结并没消除，从而为新一轮核危机的出现埋下了隐患。

第四章　朝核风起云涌

小布什上台后，全面中止了克林顿政府对朝鲜的有限接触政策，并对韩国总统金大中奉行的"阳光政策"提出非议。小布什政府不仅把朝美框架协议变成了一张废纸，要求全面核查朝鲜1992年以前对钚的处理情况，而且要求朝鲜单方面削减军事力量，并多次公开攻击、指责朝鲜现政权与朝鲜领导人，把朝鲜列为"邪恶轴心"与先发制人的核打击对象。

2002年10月初，美国助理国务卿凯利访问朝鲜，企图迫使朝鲜放慢或终止核计划。针对美国出示的相关证据以及布什政府的强硬立场，朝鲜态度出现了激烈的反弹，出人意料地宣称已拥有威力强大的武器，承认其推进浓缩铀开发计划。11月13日，美国总统布什决定停止向朝鲜继续运送作为燃料用的重油。朝核问题再次成为国际社会关注的焦点。

2002年3月2日拍摄的朝鲜宁边核设施的卫星照片

在美国停止向朝鲜提供重油后，朝鲜于 2002 年 12 月 22 日宣布解除核冻结，拆除国际原子能机构在其核设施安装的监控设备，重新启用用于电力生产的核设施，并于 2003 年 1 月 10 日发表声明宣布正式退出《不扩散核武器条约》，11 日起生效。朝核危机再次爆发。

第二节　中国积极推动六方会谈

2002 年 10 月后，由于朝鲜半岛核问题进入僵持和胶着状态，严重威胁了东北亚地区的和平和安全，引起了周边相关国家的高度重视。为了解决问题，朝鲜一直要求与美国进行直接对话，并多次提议与美国签订互不侵犯条约。但美国则要求朝鲜先放弃核计划，并坚持认为，处理朝核问题的恰当方式是通过多边对话。

朝核危机发生后，作为朝鲜近邻和一个负责任的大国，中国在朝核问题上始终积极进行外交斡旋，主张和平解决朝核危机。在有关各方的共同努力下，2003 年 4 月，中朝美三方在北京举行了三方会谈。通过中国的积极沟通，2003 年 8 月 27 日，举世瞩目的朝鲜半岛核问题六方会谈在北京钓鱼台国宾馆举行。朝鲜、韩国、美国、中国、俄罗斯和日本代表参加了为期 3 天的会议。虽然会谈没有取得任何积极的成果，但是这次会谈为朝核危机的解决提供了一个新的舞台。

会谈各方的利益驱动

朝鲜半岛自朝鲜战争以来，一直存在着军事对峙。朝核危机实际上是冷战对抗的延续。朝鲜半岛被人为地一分为二，埋下了

第四章 朝核风起云涌

南北双方冲突的种子。美国为了对付所谓的"共产主义威胁"而在南方布置核武器，其矛头所向，路人皆知。北方强烈要求美国撤出部署在半岛南部的核武器，其意图也是明显的。北方为了自身的安全和发展需要而建立了自己的核设施。这种核设施的目的有二：其一，在国家安全遭遇威胁时成为一种防御的筹码与工具；其二，在和平建设时期被用作一种重要的能源来开发。最初，朝鲜被指责开发核武器，朝方只承认其核计划是为和平建设目的，而美方则担心，这种开发随时都有可能用于另一种目的并构成对美国国家安全的直接威胁。这是美国极力要求朝鲜放弃核计划的关键所在。后来，朝美关系紧张时，朝鲜称自己有权拥有核武器，无疑是希望得到美国方面的更大让步。目前朝核问题的僵局在于，朝鲜将美国给予安全保障作为放弃核计划的前提，而华盛顿则将平壤首先放弃核计划作为展开谈判的关键。而在美国提供安全保障的框架下，朝鲜同时也希望获得能源、粮食和其他经济援助。美国认为这是勒索，而朝鲜则认为这是自己做出重大让步之后美国就应给予的回报，是美国应尽的义务，而不是施舍。由于双方在谈判问题上存在诸多争议，使朝核危机成为亚太乃至世界安全的热点问题。

在朝鲜半岛问题上，集中反映了中美日俄四大力量在东北亚问题中决定性的因素。

美国力图使半岛实现美国主导下的统一，从而将半岛作为西遏中国、北防俄罗斯、东制日本的战略基地。冷战后，日本在防卫上强调朝鲜开发核武器与新型中程导弹的威胁，表明了日本介入朝鲜半岛事务的决心。日本是目前朝核问题最大的得益者，它借助这一问题催生了日美安全合作新指针，并为自己向外展开军事行动和扩充军事实力找到了借口。

朝鲜是俄罗斯手中的一张牌，俄在朝鲜问题上发挥了自己独特的作用。2000年，朝俄双方正式签署了新的《睦邻友好合作条约》，朝俄关系又向前迈了一步。朝鲜十分重视与俄的传统关系，甚至希望俄与中国就某些问题展开竞争，以刺激中国提供更多更好援助及政治妥协。朝鲜半岛南北发生冲突及美国介入冲突的可能性，短时期内不会消除，这是中国安全的一大隐患。

中国在朝鲜半岛核危机问题上的基本立场是明确的，也是一贯的。中国政府对于解决朝核问题的基本态度是：坚持维护朝鲜半岛的和平与稳定，支持半岛实现无核化，不赞成朝鲜半岛出现核武器，主张通过对话和平解决问题。中国的态度是真诚的，并采取积极行动，尽力协助相关各方化解危机。1993年初的朝核危机爆发时，中国政府就曾为化解朝核危机进行过积极的斡旋。2002年底爆发新的朝核危机以来，中国一直密切关注着事态的发展，并为防止事态的进一步恶化，协调相关各方通过对话解决危机而积极努力。但是，中国的立场需要国际社会的广泛支持，尤其需要相关各方的积极配合与回应。如果当事国不能给予积极回应，中国乃至整个国际社会的调解空间将非常有限，危机仍将持续下去，这是中国和整个国际社会都不愿意看到的。

朝核问题对东北亚地区的安全与繁荣，对全球核不扩散条约均构成了严峻的挑战。朝鲜跨进核门槛，将直接破坏朝鲜半岛的无核化，引发东北亚地区新的军备竞赛。朝鲜拥有核武器后，东北亚的另一个大国日本就不会满足于美国的核保护，也会寻求"核自卫"。韩国也会以同样的理由拥有核武器。假如东北亚地区展开核竞赛，东北亚安全格局将发生质的变化，从而有可能成为世界新的动荡之源。

第四章　朝核风起云涌

六方会谈简要回顾

在中国及有关各方的努力下，从 2003 年 8 月开始至今，六方会谈已进行到第六轮。

第一轮六方会谈（2003 年 8 月 27 日至 29 日）

美国强调和平解决核问题是应该也是可能的，美国无意威胁朝鲜，无意入侵和攻击朝鲜，无意更迭朝鲜政权，希望通过谈判解决双方关心的问题，逐步走向美朝建交。朝鲜表示渴望和平，愿与所有国家建立友谊，无核化是朝鲜总的目标，拥核不是目的。只要美方改变对朝政策，不再对朝鲜进行威胁，朝鲜可以放弃核计划，朝鲜愿与美国和平共存。

朝核第一轮六方会谈代表

各方共同点包括：都愿意致力于通过对话以和平方式解决朝鲜半岛核问题，维护半岛和平与稳定，开创半岛持久和平；主张半岛应无核化，同时也认识到需要考虑和解决朝鲜在安全等方面提出的关切；主张保持对话、建立信任、减少分歧、扩大共识；

同意继续六方会谈的进程。

第二轮六方会谈（2004年2月25日至28日）

朝鲜在核问题上的立场是，只有美国放弃对朝敌对政策，朝鲜才能放弃核计划。在此基础上，朝鲜提出"口头对口头"原则作为第一阶段行动措施，即朝鲜冻结核武器计划，美国相应放弃对朝敌对政策。美国重申，在关切的问题解决后，美国最终愿与朝鲜实现关系正常化。在弃核目标上，美方再次重申"全面、可核查、不可逆转地放弃核计划"概念。

朝核第二轮六方会谈代表

中国、韩国和俄罗斯承诺在一定条件下，向朝鲜提供能源援助。美国和日本承认朝鲜有能源需求，并对此表示理解。日本表示将在日朝关系正常化后，对朝鲜提供大规模经济援助。

与会六方最终以《主席声明》形式阐明了各方共识，表示将致力于朝鲜半岛无核化，并愿本着相互尊重、平等协商的精神，通过对话和平解决核问题，维护朝鲜半岛和本地区的和平与稳定。

第四章　朝核风起云涌

这次会谈的主要进展是：成功推进了实质问题的讨论；明确了采取协调一致步骤解决问题的方式；发表了启动和谈进程以来首份文件；确定了第三轮会谈地点和时间；同意建立工作组推进会谈机制化。

第三轮六方会谈（2004年6月23日至26日）

各方都提出了解决朝核问题的方案和设想。在弃核问题上，美方首次提出希望朝鲜以永久、全面和透明的方式放弃所有核计划，朝方也首次提出可以透明地放弃一切核武器及相关计划。在核冻结问题上，朝方明确表示冻结是走向弃核的第一步，并愿意为此接受核查。中国、俄罗斯、韩国、日本都愿意同时采取行动以解决朝方的关切。美方也表示愿意研究朝方的要求。但朝美双方在弃核范围和方式，以及关于核冻结范围和相应措施等方面存在分歧。

第三轮六方会谈各代表团团长合影

会后发表了第二份《主席声明》，明确以"口头对口头、行动对行动"的原则，寻求朝核问题的和平解决。各方通过了工作组概念文件。

第四轮六方会谈（2005年7月26日至8月7日）

参加会谈的六方团长在新闻发布会后握手，各方经过艰苦漫长的谈判，通过了六方会谈进程启动以来的首份共同声明。朝方承诺，放弃一切核武器及现有核计划，早日重返《不扩散核武器条约》，并回到国际原子能机构保障监督；美方确认，美国在朝鲜半岛没有核武器，无意以核武器或常规武器攻击或入侵朝鲜。

朝核问题第四轮六方会谈

朝方声明拥有和平利用核能的权利，其他各方对此表示尊重。此外，共同声明还就朝美、朝日关系正常化，对朝经济合作和能源援助，以及建立朝鲜半岛永久和平机制问题做出了承诺。

第五轮六方会谈（2005年11月9日至2007年2月13日）

第一阶段会议（2005年11月9日至11日）

第一阶段会议通过的《主席声明》中重申，将根据"承诺对承诺、行动对行动"原则全面履行共同声明，早日可核查地实现朝鲜半岛无核化目标，维护朝鲜半岛及东北亚地区的持久和平与稳定。此后，会谈曾因朝鲜反对美国的金融制裁而陷入僵局。

第四章　朝核风起云涌

朝核问题第五轮六方会谈代表

第五轮六方会谈第二阶段会议（2006年12月18日至22日）

经过各方努力，在停顿13个月后，第二阶段会议于2006年12月18日在北京重启。在朝美及有关各方进行了密集、深入的双边和多边磋商后，22日宣布休会。会后发表第四份《主席声明》，以"两个重申"向外界传达了六方在本阶段会谈中取得的共识：重申通过对话和平实现朝鲜半岛无核化是各方的共同目标和意志；重申认真履行9·19共同声明，根据"行动对行动"原则，尽快采取协调一致步骤，分阶段落实共同声明。

第五轮六方会谈第三阶段会议（2007年2月8日至13日）

经过一年多的反复磋商，六方会谈终于峰回路转。2007年2月13日，第三阶段会议通过了《落实共同声明起步行动》的共同文件（2·13共同文件），内容包括朝方关闭并封存宁边核设施，并邀请国际原子能机构人员重返朝鲜进行必要的监督和验证，以及各方同意向朝鲜提供价值相当于100万吨重油的经济、能源及人道主义援助。

第六轮六方会谈（2007年3月19日至?）

第六轮六方会谈第一阶段会议（2007年3月19日至22日）

第一阶段会议如期举行，各方听取了五个工作组的报告，就落实起步行动和下一阶段行动计划进行了探讨。会后各方发表了第一阶段会议主席声明。重申将认真履行在9·19共同声明和《落实共同声明起步行动》共同文件中做出的承诺。

朝核问题第六轮六方会谈代表

六方会谈团长会（2007年7月18日至20日）

会后发表新闻公报，各方就六方会谈下一阶段工作达成四点框架共识，各方同意采取工作组会议等3个步骤落实达成的框架共识。

第六轮六方会谈第二阶段会议（2007年9月27日至10月3日）

2007年10月3日，第六轮六方会谈第二阶段会议通过了《落实共同声明第二阶段行动》的共同文件。根据文件，朝鲜将在2007年年底前完成宁边核设施的去功能化并全面申报核计划；美国根据朝方行动并行履行其对朝承诺。

六方会谈第二次会间团长会（2008年7月10日至7月12日）

重点讨论进一步全面均衡落实第二阶段行动的措施和步骤。会议发表新闻公报。各方同意在六方会谈框架内建立朝鲜半岛无核化的验证和监督机制。

六方外长非正式会晤（2008年7月23日）

朝鲜核问题六方外长非正式会晤在新加坡举行。六方会谈主席国、中国外交部长杨洁篪主持，朝鲜外相朴义春、美国国务卿赖斯、日本外相高村正彦、俄罗斯外长拉夫罗夫及韩国外交通商部长官柳明桓出席。

六方会谈的中国因素

六方会谈机制为寻求落实共同声明提供了平台，各方都借此提出了各自的看法和主张。中国作为东道主，在每一次会谈中都提出了自己的方案、设想和建议，积极推动各方尤其是朝美双方拿出具体的解决方案，将会谈引向深入；反复劝说各方相互尊重，认真对待和研究有关各方提出的方案；在出现僵局时，及时提出折中方案，积极居中斡旋。中国对六方会谈所作的贡献非同寻常，不仅是会谈的东道主和参与者，还是推动者和调停人。

朝鲜宣布成功进行了首次核试验，遭到了国际社会的普遍反对，同时也意味着朝核问题进一步升级，更趋复杂化，无疑是对六方会谈取得的初步成果的沉重打击。对一贯坚持和维护世界和平与正义的中国来说，也无异于出了一大难题。中国政府在朝核问题上的立场十分公允，始终把国际社会的整体利益与朝鲜的特殊利益结合起来考虑，并为此做了大量的斡旋工作。中国不希望朝核问题失控，不希望看到朝鲜半岛出现动荡。朝鲜核试验的做法远远超出了常理，中国采取了坚决反对的态度。

自2005年六方会谈陷入停顿后，中国一直同有关各方就如何

恢复六方会谈进行了密切的磋商。在朝鲜进行核试验后，中国国务委员唐家璇作为胡锦涛主席的特别代表，访问了美国、俄罗斯和朝鲜，向三国领导人转达了胡锦涛主席的口信，并就朝鲜半岛局势等问题交换了意见。在中国的积极斡旋下，朝鲜终于宣布重返六方会谈。美国总统布什说，他要为此感谢中方，因为很明显，朝鲜听取了中国和其他方面发出的信息。

第三节　朝核危机再起

简要经过

2006年7月5日，在毫无征兆的前提下，朝鲜先后向日本海试射了7枚导弹，其中包括"大浦洞2号"远程弹道导弹。这次试射导弹行动使朝鲜半岛刚刚安定的环境陡然再度紧张起来。在此之前，美国以朝鲜涉嫌"伪造美元"等为由，宣布对朝实施"金融制裁"。朝鲜外务省发言人在导弹试射的第二天证实，朝鲜确实发射了导弹，但此举是朝鲜"加强自卫国防力量的军事训练的一部分"。朝鲜强调，美国必须解除"金融制裁"，否则朝鲜不会重返六方会谈。于是朝鲜半岛局势进一步恶化。

2006年10月3日，朝鲜外务省发表声明，宣布将在科学研究领域，在绝对保证安全的情况下进行核试验，并表示绝对不会首先使用核武器和进行核威胁，也不扩散核武器。朝鲜曾于2005年2月宣布拥有核武器，但始终没有进行核试验。因此，国际社会一直对朝鲜是否真的拥有核武器持怀疑态度。

2006年10月9日，朝鲜宣布成功地进行了一次地下核试验，朝核危机再次紧张。最早对朝鲜核试验作出强烈反应的是中国，

第四章　朝核风起云涌

美国媒体发布的间谍卫星拍摄的朝鲜"发射基地"图片美媒体也承认，根据此照片"不能确定这是一枚'大浦洞2号'导弹"

中国外交部在朝鲜核试验之后两小时就发表声明，更前所未有地使用了"悍然"这样的猛烈字眼批评朝鲜。10月14日，联合国安理会一致通过决议，对朝鲜核试验表示谴责，并决定针对朝方采取制裁措施。在一系列让人眼花缭乱的穿梭外交活动后，2006年年底，朝鲜重回六方会谈。此后的近两年时间里，在六方会谈的框架下，朝美双方频频对话，其间也取得不少突破性的进展，如美国助理国务卿希尔访问朝鲜，朝方一度关闭宁边核设施等，但由于双方存在严重分歧，危机的阴影始终笼罩在朝鲜半岛上空。

2009年4月14日，朝鲜宣布退出朝核问题六方会谈，并将按原状恢复已去功能化的核设施。朝鲜并谴责和反对联合国安理会就朝鲜发射问题通过的主席声明，将"继续根据国际法行使自主的宇宙利用权利"。声明说，尊重自主权和主权平等是六方会

天平的砝码：当今世界军事热点

这是 2006 年 10 月 16 日拍摄的朝鲜咸镜北道吉州的一个核试验可能地点

谈通过的共同声明的基础和生命。在这一精神被"全面否定"的情况下，朝鲜"绝对不再参加六方会谈"，并且"不再受六方会谈达成的协议的约束"。声明表示，朝鲜将"千方百计地加强自卫性的核遏制力量"。为此，朝鲜将按原状恢复已经去功能化的核设施，并使之正常运转。作为这一措施的一环，朝鲜将对从试验核反应堆中取出的燃料棒进行再处理。朝鲜还将"积极研究建设自己的轻水反应堆问题"。

2009 年 5 月 25 日，朝鲜进行核试验、重启核设施，并且在随后几天接连发射多类、多型号防空导弹。这是朝鲜近三年来所进

行的第二次地下核试验，也是朝鲜今年以来所采取的"不断升级的挑衅性行为的一部分"。但与原来的"引而不发"或"小打小闹"相比，朝鲜这次进行的"核试爆"行为显然是采取了一种完全极端的方式。核试验、射导弹、退出停战协定，朝鲜的这一连串举动震惊了整个国际社会，一时之间，局势诡谲，形势迷离。

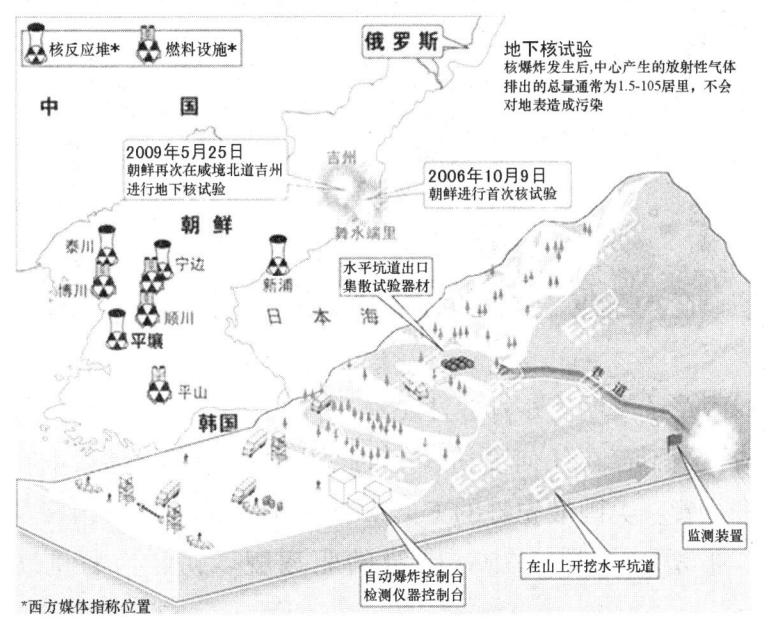

朝鲜地下第二次核试验的原理和过程示意图

国际社会反应

朝鲜第二次地下核试验后，美韩等国都表现出了不同以往的强硬立场。美国内部出现了近年来很少提起的"用军事手段解决朝核问题"。值得注意的是，提到军事应对措施的人大部分不是美国共和党的新保守主义者，而是曾积极主张与朝鲜对话的民主党人。美国陆军参谋长乔治·凯西5月28日称，如果朝鲜与韩国爆发战争，美国将同朝鲜作战。

天平的砝码：当今世界军事热点

韩国民众抗议朝鲜试射导弹焚烧金正日画像

韩国总统李明博6月1日表示："对威胁国民安全和国家安保的事情，绝不存在任何妥协。"与此同时，美韩的行动也在紧锣密鼓进行着：美国最先进的F-22战机飞抵冲绳，韩国在黄海分界线一带增加部署了3500吨级的驱逐舰。朝鲜半岛重现战争猜测。

但是，各方也都表示通过对话解决问题仍然是首要选择。韩国国防部长官李相熹5月30日在新加坡出席亚洲安全大会时表示，韩国政府将通过与六方会谈成员国及国际社会的密切协商，来推动和平解决朝鲜半岛核问题。

日本防卫大臣滨田靖一当天也在亚洲安全大会上表示，日本不会对朝鲜首先采取任何敌对行动，但是日本已经做好了自卫准备。李明博也表示："只要朝鲜政府愿意敞开心扉，讨论韩民族的未来，我们将随时随地接受对话，通过对话与合作解决南北关系。""一定会让朝鲜重新开始对话。"

第四章　朝核风起云涌

我们同样注意到，2002年10月第二次朝核危机爆发以来，朝鲜核问题一直沸沸扬扬，成为国际政治的热点问题。但是，朝核危机一而再、再而三使得国际局势紧张，但每每总能峰回路转，回归多边谈判的和平路径，没有像伊拉克那样走向战争。

危机再次爆发的原因

对于此次朝核危机再次爆发，只有清醒而准确的判断，才能确立正确的政策和找到正确的解决途径。有人说，朝核危机是冷战体制遗留的问题，是美朝间相互敌对和互不信任问题；有人说是东北亚集体安全问题；也有人说是核扩散问题。这些看法都很有道理，但它只是事物的表面现象。但朝核问题在战略层面上，其本质是一个日益被国际社会边缘化的小国对于远方霸权的呼唤而得不到善意的回应。

冷战结束以后，不仅昔日的中苏朝三角同盟不复存在，而且最重要的是，两极格局瓦解，逐渐形成了美国一超独霸的格局。以美国为首的美日韩三角同盟进一步加强，使朝鲜不得不独自面对来自美日韩三方的军事同盟的压力。另外，长期以来，美国的政治封杀和经济封锁，给朝鲜的国际环境和经济发展带来了严重的负面影响，朝韩双方的经济和军事实力的差距在不断扩大，这些都加剧了朝鲜的危机感，促使朝鲜急于谋求应对之策。

缔结朝美和平协定或朝美互不侵犯条约就成了朝鲜首要的战略目标。朝鲜采取积极的姿态谋求朝美和平协定，向体系霸权国发出呼唤，在没有得到美国善意的回应后，朝鲜逐渐走上了利用大规模杀伤性武器即开发核武器向美国施压、从而谋求美国对其地位的保证和认可的道路。特别是奥巴马政府上台后，对朝鲜关注不够，朝鲜此次的连锁行动，主要针对的仍然是美国，其目的

是希望迫使奥巴马政府把朝鲜问题放在首位，认真坐下来和朝鲜进行一对一接触。朝鲜当初本来指望奥巴马政府上台后将会一改布什政府强硬对待朝鲜的政策，恢复朝美双边对话。但奥巴马政府的工作重心是收拾布什政府在中东地区的烂摊子，以及应对国内的金融危机，根本无暇顾及朝鲜半岛事物，于是也就逐步增加了朝美矛盾。朝鲜与其他国家及国际社会的矛盾是次要矛盾。

对于朝鲜而言，拥有核武器，有着双重利益。一方面，利用核武器可在现有框架下最大限度地制造朝鲜半岛紧张局势，挑战东亚安全格局，甚至可以从根本上动摇和削弱美国在国际体系中的权威、权力与利益，从而迫使美国不得不认真考虑朝鲜的诉求，给予朝鲜真正的安全保证，以及在美国主导下的国际体系内的正常地位，从而获得一个最大化的生存和发展空间。另一方面，也可以此凝聚人心、维护内部政权的稳定，满足国内政治的需要。自从上世纪70年代初朝韩两国综合实力失去平衡以来，朝韩两国之间的差距越拉越大，而且短期内也看不到恢复平衡的可能。近年来，朝鲜虽然也进行了一些经济改革，但成果并不显著，不时有朝鲜难民通过种种渠道逃往韩国。这已经引起了社会凝聚力的下降，威胁到国内社会的稳定。由于核武器被认为是国家实力和科技水平的象征，拥有核力量，可以达到鼓舞士气、凝聚人心的作用，从而坚定民众对"建设强盛大国"的信念。另外，利用核武器及其相关议题，制造朝鲜半岛紧张局势，也可以进一步证明朝鲜国内推行的"先军政治"的必要性与合理性。

因此，朝核问题中朝鲜追求的最终目标不是核武器，朝鲜对于核武器的诉求更多的是在利用核议题制造朝鲜半岛紧张局势，以此为条件迫使当今国际体系的最大霸权国——美国接受其合法的地位，并给予其足够的生存和发展空间，从而维护其政权的稳

定。这应该是我们对朝核问题的一个首要认识。在当前的国际格局下，朝鲜非常清楚只有美国的保证和认可，才能满足在国际社会中像朝鲜这样小国的安全和发展的需要。朝鲜是在以核武器为手段要求美国给予安全和发展的保证。

此外，对于朝鲜而言，韩国政府在过去十年里不顾朝鲜的核武扩散、导弹等问题，根据"阳光政策"仍向朝鲜提供粮食、化肥等援助。李明博总统2008年2月就任后一改对朝政策，停止粮食和化肥援助，这使朝鲜领导层感到不满。2006年7月，朝鲜向日本海试射导弹后，日本政府开始对朝实施单方面制裁，禁止朝鲜轮船"万景峰92"号入港，限制朝鲜官员入境。当年9月，日本根据联合国安理会就朝鲜试射导弹通过的决议，启动对朝金融制裁，冻结被怀疑与朝鲜导弹及大规模杀伤性武器开发有关的朝鲜个人或团体的在日账户。当年10月14日，日本又以朝鲜宣布进行核试验为由，启动了为期半年的追加制裁措施，包括禁止朝鲜船只停靠日本港口、全面停止进口朝鲜产品、禁止向朝鲜出口24种产品和禁止朝鲜人入境等。日本对朝鲜的单方面制裁，使朝鲜一直怀恨在心。这也是此次朝核危机再次爆发的两股诱因。

第四节　朝核危机中的各国利益得失及展望

各国利益得失

朝鲜要生存和发展

朝鲜经济在冷战时期和前苏联联系紧密，前苏联解体后随之陷入困境。贸易方面，俄罗斯要求支付硬通货，朝鲜进口萎缩；俄罗斯经济衰退后，又减少了对朝鲜矿产品的需求。工业方面，前苏联

天平的砝码：当今世界军事热点

援建的 70 多个大型企业由于年久失修，缺乏备件，生产效率很低。农业方面，朝鲜种稻比重大，产粮区主要在西海岸平原，受季风气候影响水旱灾害频繁，依赖 1500 座水库、16000 个扬水站、40000 千米水渠的维护和运转，因此朝鲜农业对电力和化肥需求很大。资源方面，朝鲜出产褐煤和无烟煤，但石油、天然气、炼焦煤需要进口，朝鲜的镁矿储量大，但品位低，需要进口重油煅烧才能提高出口价格。俄罗斯取消能源援助后，朝鲜缺乏国际通用货币用来进口俄罗斯的石油、天然气，不但造成朝鲜炼油厂停工，还关系到运输、化工、电力、农业等方面，能源问题是朝鲜经济的瓶颈。

前苏联解体后，朝鲜安全环境也急剧恶化。1993 年由于韩美进行"协作精神"大规模军事演习，朝鲜受到美韩优势的常规军力威胁，以退出《核不扩散条约》作为对抗。克林顿政府一面威胁空袭朝鲜宁边核设施，一面派前总统卡特到朝鲜和金日成主席会谈，最终于 1994 年在日内瓦达成以提供轻水堆换朝鲜关闭石墨减速反应堆的《朝美框架协议》。这是冷战后朝美间的第一轮较量，美国的"接触战略"和朝鲜的"生存与发展"需求达成和解。

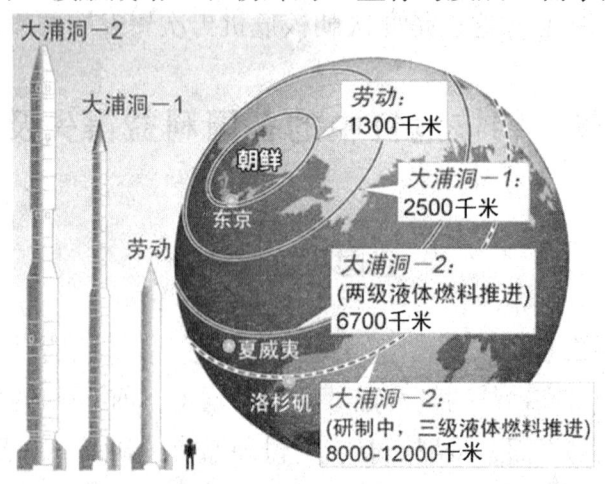

朝鲜各类导弹及可能射程半径

第四章　朝核风起云涌

小布什上台后，提出"邪恶轴心"论及"先发制人"核打击的七个国家名单。积极研制可打击地下掩体的微型核弹，降低了核战争门槛，又提出对朝鲜政权更替。2002年，朝鲜受到美国核力量和常规力量双重威胁，再次退出《核不扩散条约》作为对抗。直到2003年开始六方会谈，朝美围绕安全问题再次进行漫长的较量。朝鲜的两次核试验，是美国的"优势战略"与朝鲜的"生存与发展"需求矛盾的结果。

朝鲜的策略是对外"以超强硬对强硬"；对内采取"先军政治"，常规军力靠数量优势对抗美、韩的质量优势。但长期维持100多万军队，消耗了大量资源，朝核问题谈判无休止的拖延对朝鲜非常不利。

朝核危机是地区军事平衡破坏的结果，朝鲜面临生存和发展的双重难题。朝鲜最终选择用核试验打破僵局。朝鲜独立发展核武器和远程导弹，虽然可以在短期内对抗美国的核讹诈和常规威胁，但长期看仍无法解决经济发展问题。

俄罗斯待价而沽

朝鲜战争中，中国还没有建立重工业体系，前苏联的军火起了重要作用。冷战期间，1961年的《苏朝友好互助合作条约》为朝鲜提供了核保护伞。为朝鲜提供了T-62坦克、米格-23、米格-29战斗机等先进武器。

前苏联解体后，外交向西方一边倒，在朝鲜半岛则是"对韩一边倒"，应韩国要求一度停止对朝军火供应和核技术支持。俄朝贸易从1990年的27亿美元的规模，急剧萎缩到1994年的1.4亿美元。1993年，俄罗斯正式通知朝鲜取消《苏朝友好互助合作条约》。

然而，无论俄罗斯割地、解除武装还是出卖盟友，融入西方的努力并没有得到回报。1995年俄新社发表《俄罗斯外交在朝鲜

问题上的新思维》："俄罗斯在朝鲜半岛的利益正在被美国取代，但是俄罗斯自己没有发现这一点，美国正是利用俄罗斯的政策达到了这一点，而让俄罗斯扮演一个效劳已毕可以离去的摩尔人的角色。"从1996年开始，俄罗斯恢复了对朝经济援助和军事合作。2000年，签署了《俄朝友好睦邻合作条约》，俄罗斯总统普京作为历史上第一个俄罗斯国家元首访问了朝鲜。为了俄罗斯远东地区的安全，俄罗斯同样需要防止朝鲜陷入美日联盟手中。俄罗斯开发远东的一个难题是劳动力缺乏，朝鲜工人不但吃苦耐劳，素质好，工资低，更重要的是俄罗斯和朝鲜之间没有领土问题这个"历史包袱"。

但是，俄罗斯并不打算恢复前苏联时代与朝鲜的关系。由于韩国经济实力强，俄罗斯从对韩军火贸易（主战坦克、步兵战车和气垫船等）中获利，俄罗斯实际上把对韩关系置于对朝关系之上。俄罗斯在叶利钦时代全面融入美国主导的西方世界的努力失败之后，前俄罗斯国家杜马国际事务委员会主席卢金在1995年出版的《俄罗斯与西方：求同还是趋异？》中指出：俄罗斯的未来有三种道路，第一是融入跨大西洋和太平洋、囊括整个北半球的从温哥华到符拉迪沃斯托克的社会政治体系；第二种是进入巴黎—柏林—华沙到莫斯科的统一欧洲；如果上述两条道路行不通，俄罗斯才会转向自身，转向第三条道路，即欧亚主义。由此可见，普京时代只是退而求其次，把融入欧洲作为主要目标。中俄、朝俄关系只是在俄罗斯每次在西方碰壁时才得以发展。

俄罗斯在朝核问题上最大的影响力在于其先进的军事技术，如果俄罗斯在北约东扩、东欧反导问题上受到美国过度压迫，俄罗斯有可能输出先进武器技术，改变地区军事平衡。2008年格鲁吉亚冲突期间，俄罗斯就多次放风，要卖先进的S-300远程防空

导弹和苏-30战斗机给叙利亚和伊朗。另一方面，俄罗斯受到能源价格下降和金融危机双重打击，财政困难，也有可能拿朝鲜问题和美、日、韩做利益交换。俄罗斯的朝鲜半岛政策呈现大起大落的不稳定状态，俄罗斯在朝核问题上的态度取决于美俄关系。

美国想永远驻军

冷战结束后，美国在朝鲜半岛的作战计划和军事演习的内容，从"防御+反击"转变为"先发制人+政权更替"。朝核问题和伊拉克大规模杀伤武器一样，本是美国战略扩张的一个借口。美国在伊拉克成功地实施了"大规模杀伤武器（借口）——长期封锁（削弱）——反复核查（侦察）——军事打击（手段）——占领（目的）"。随着美军长期陷入阿富汗、伊拉克上不能自拔，美国在朝核问题上只能采取拖延战术。

每次谈判接近成功时，美国总是利用各种方法制造障碍。2003年小布什政府赖掉了1994年《美朝框架协议》。2005年第5轮六方会谈因小布什政府提出造假币、洗钱等指控，并进行金融制裁而陷入僵局，导致朝鲜第1次核试验。甚至在2008年朝鲜炸毁宁边地区核设施的冷却塔后，美国仍在朝鲜核计划申报的验证方法制造障碍，导致朝鲜第2次核试验。

由此可见，美国在朝鲜半岛的战略目标不仅是无核化，甚至不仅是对朝鲜进行政权更替，而是在未来朝鲜半岛统一后，继续在半岛驻军。美国前总统国家安全事务助理布热津斯基在《大棋局：美国的首要地位及其地缘战略》中写道："一个统一的，没有美军驻扎在其领土之上的朝鲜很可能首先在中、日之间搞某种形式的中立，然后，部分地受虽然是残存却仍然强烈的反日情绪的驱动而逐渐地倾向中国，或者被置于中国的政治影响范围之下，或者进入某种更加微妙的敬服中国的范围。"只要美国在亚太地

区，不放弃遏制中国的战略，即使韩国统一朝鲜半岛，美军也不会撤出。

美国在朝核问题上，从克林顿时代的"接触战略"，到小布什的"优势战略"，没有使朝鲜弃核，随着朝鲜两次核试验，美国已经丢掉了朝核问题的主动权。

奥巴马政府正处于战略调整初期，在金融危机打击下，美国开始战略收缩，承诺从伊拉克撤军、承认伊朗拥有和平利用核能的权利、东欧反导问题也有可能缓和，唯有在朝核问题上，美国依然保持僵硬态度。这是因为朝、美之间国力、军力过于悬殊。

美国能否用务实的态度接受朝鲜的生存和发展，短期内取决于美国自身金融危机的破坏程度，长期取决于是否有第三方平衡力量打消美国吞并朝鲜的企图。

日本趁火打劫

在东北亚的近代史上，日本是加害国，中、朝、韩是受害国，因此这3个国家是日本恢复军事大国地位，复活军国主义最大的障碍。日本作为战败国，二战中是五方共同的敌人，加入六方会谈本身就是其国际地位的一次提升。在六方会谈中，日本纠缠于与核问题无关的"绑架"问题，对谈判起到了阻碍作用。日本阻碍朝核问题和解，目的是分化中、朝和韩国。

相对于朝鲜3座小功率核反应堆，最理想条件下只能年产4~5枚核弹头的核能力而言，日本有51座核反应堆，储备的核原料足够制造3000~4000个核弹头，同时还拥有先进的导弹技术。显然，处于绝对优势地位的日本是不惧怕朝鲜的核力量的。

日本对朝核危机的每一次风波，都会精心利用。例如航空自卫队计划空袭朝鲜军事基地；朝鲜试射远程运载火箭之前，部署"宙斯盾"驱逐舰准备拦截等。

但是，即使没有朝鲜核问题，日本也一直按部就班推进其军事大国的进程。日本走向军事大国是以其强大的产业基础为后盾，是日本财阀获取更大经济利益的需求推动的。从防卫经费突破1%、修改历史教科书、海外派兵、"周边事态"、"有事"法制、防卫厅升格为防卫省等等。有借口要干，没有借口制造借口也要干，从甲午战争袭击"高升"号，到制造"9·18"事变，对中、朝、韩三方已经有很多教训了。

日本对周边国家的威胁程度，取决于反对军国主义力量的消长，主要是中国、朝鲜，也可能包括韩国。

韩国想吞掉北方

冷战时期，朝鲜半岛南北双方在统一问题上立场差距很大，朝鲜主张在"自主、和平、民族大团结"的原则下，在美国撤军后，建立南北"联邦制"实现统一，然后以单一国号入联合国。而韩国则希望在驻韩美军"保护"下，确立对北方绝对优势，使南北和平共存体制制度化，坚持南北同时加入联合国，甚至不惜同时单独加入联合国。前苏联解体后，朝鲜撤回了南北单一议席加入联合国的主张，1991年9月朝鲜和韩国同时加入联合国。号称"文民政府"的金泳三时期，虽然提出了"民族高于任何同盟"，但仍坚持"韩美共助体制"。在发展对华关系上，韩国同样坚持中韩之间的接近不得超越以韩美同盟为根基的传统的纽带关系的速度。另一方面，韩国在保持韩美军事同盟的前提下，试图要求中国废除1961年与朝鲜签订的友好条约。

号称"国民政府"的金大中时期，对朝鲜推行"阳光政策"实际上是对美国克林顿政府的接触战略的密切配合，并非独立于美国的政策之外。正是在金大中时期，由于经济困难，韩国进行了"IMF"式经济改革，在国际货币基金组织援助下，进行新自

由主义式经济改革，导致中小企业生存困难，资本进一步向大财团集中，促进了韩国政治进一步保守化。

李明博政府上台以来，违背朝韩之间以前的协议，利用空飘气球对北方进行挑衅，表面上是对金大中"阳光政策"的违背，本质上是对美国小布什政府"优势战略"的追随。

韩国在朝鲜半岛追求的目标是优势而不是均衡，韩国的主要手段是依靠美国。尽管韩国的工业已经能提供先进的武器装备，韩国在引进欧洲和俄罗斯军事技术后，制造的K2坦克、K9自行火炮、KDX驱逐舰、214常规潜艇等方面都对朝鲜占优势。而且韩国经济发达，人口是朝鲜的2倍。

冷战后，韩国如果奉行自主和平统一的道路，已经不需要美军驻扎。正因为韩国企图以绝对优势吞并朝鲜，所以继续追随美国压制朝鲜，最终当朝鲜进行2次核试验后，韩国在安全问题再次陷入困境。如果朝核问题擦枪走火，韩国的经济发达地区有可能成为美朝之间的战场。

韩国将继续走依附美国、日本的道路，但韩国的产业基础已经提供了走独立自主道路的可能性。

未来形势发展

当下，朝鲜与美日韩各方正剑拔弩张，局面大有一触即发之势，那么，本轮朝核危机究竟将走向何方？只要各方不发生"擦枪走火"的意外，那么朝鲜完成本轮集中军事科研试验的最后一项压轴大戏——远程弹道导弹试射之后，将会主动回到谈判桌，因为只有这样才是最符合朝鲜国家利益的选择。而上一轮朝核危机亦是以此种方式收场。同时未来朝核危机六方会谈的主题将不再是朝鲜弃核或朝鲜半岛无核化，因为如今这已是不可能实现的

目标。未来谈判的主题很可能是，朝鲜以某种形式承诺不对外扩散核武器及其技术，而美日韩等则以某种名目向其提供"防扩散补贴"。当初各方将六方会谈主题设定为实现半岛无核化目标主要是照顾美方关切的结果，而对中国而言，朝鲜半岛有核或无核对于我国国家安全和国家利益均无特别重大干系。回想冷战高峰时期，我国几乎被瞄准我们的核武器所包围——可最终还是这么过来了。对于中国而言，最大的关切在于避免朝鲜半岛爆发战争——因为那可能会对我国国家安全和国家利益造成不可预测的严重影响。可以说，避免朝核危机相关各方矛盾激化导致战争，是几年来中国发起并积极参与朝核问题六方会谈的最直接、最现实的目标，而从这一点来看，中国几年来苦心经营的六方会谈是成功的。

第五章　索马里海盗作案正酣

第一节　索马里海盗的由来

如今，人们提起索马里，首先想到的是海盗。近年来，这个位于非洲大陆最东部、人口只有1000多万、过去以畜牧业为主的小国，是如何变成"海盗天堂"的呢？

索马里地图

索马里位于非洲大陆最东部的索马里半岛，属"非洲之角"。

第五章　索马里海盗作案正酣

它北临亚丁湾，东濒印度洋，西交肯尼亚、埃塞俄比亚，西北接吉布提，海岸线长3200千米，当地居民信仰伊斯兰教。

早在19世纪末，索马里逐步沦为英国和意大利的"保护国"。第一次世界大战后，列强重新瓜分世界，英国将其所控制的索马里地区移交给意大利。第二次世界大战时，意大利占领埃塞俄比亚，该国南部的索马里人居住地地区也与索马里连成一片。1949年，联合国通过决议，将索马里北部由意大利代管，十年后独立。在这期间，英国也在索马里南部扶植政权，建立势力范围。1960年7月1日，南北索马里合并，同时公布独立。

独立之后，当时索马里政府努力与埃塞俄比亚、肯尼亚等邻国搞好关系，集中精力抓经济建设。但是，一股强烈的民族主义情绪在社会上蔓延，在许多索马里人心中，埃塞俄比亚、肯尼亚自古以来就是索马里的"神圣领土"。1969年10月21日，索马里左翼少壮军人在政变领导人西亚德的带领下，发动政变，推翻当时的民选政府，并建立了社会主义革命党，负责领导索马里的革命事业。1974年，西亚德签订了苏联与非洲国家的第一个互助友好条约，并拿着苏式武器开始进攻肯尼亚和埃塞俄比亚。

但在1974年，埃塞俄比亚也发生了左翼军人政变，9月12日，海拉西皇帝被废黜。西亚德见埃塞俄比亚在动荡之中，正是索马里攻城略地的天赐良机，于是准备进攻邻国埃塞俄比亚。但前苏联不希望两个亲苏政权兵戎相见，加以干预。西亚德恼羞成怒，于1977年11月，废除友好条约，赶走全部苏联顾问。接着他转向中国，翌年4月访问北京。当时中共早跟"苏联修正主义"闹得不可开交，立即答应供给苏式武器。后来美国游骑兵要面对的，就是拿着中苏两国制造的冲锋枪和火箭筒的索马里民兵。

当时苏联威风尚在。苏联大哥一声吼，地球也要抖三抖，岂

天平的砝码：当今世界军事热点

容只有上校军衔的西亚德踢它的屁股？于是，苏联立即高举无产阶级国际主义旗帜，运了一万古巴精兵到埃塞俄比亚，将索马里这位小兄弟打得屁滚尿流，折兵损将逃回索马里。

连年的对外战争摧毁了索马里经济，革命党的社会主义改造激起普遍反抗，埃塞俄比亚的失败动摇了西亚德的统治。曾任西亚德军队参谋长的艾迪德发动了本部族的起义。历经多年内战，1991年初，以艾迪德的部队为主，叛军攻入摩加迪沙。1月26日晚，专制了索马里22年的西亚德仓皇出逃，四年后病死在尼日利亚。但索马里并未因独裁者的倒台而获得和平，紧接而来的是部族纷争和军阀混战。

1991年，当时的索马里政府被推翻。之后，这个非洲之角国家一直处于战乱状态，被不同派系、不同部族和相互之间混战不断的武装组织所割据。美国9·11事件发生后，美国为在全球进行反恐活动，布什政府怀疑当时的索马里政府为国际恐怖分子提供支持和庇护，想方设法阻止教派武装组织控制索马里政权。

2006年10月，埃塞俄比亚在美国政府的支持下出兵索马里，推翻原国家政权，组建了由美国支持的过渡政府。孱弱的索马里新政府让全国大部分地区陷入无政府状态，武装割据力量林立。这使得原本已经极度贫困的国家陷入绝境，难民数量达到110万人。平均每个月，首都摩加迪沙还会新增约2万名难民。由于难民不断增加，难民们生活没有着落，粮食价格飙升，过度的通货膨胀和干旱等自然灾害更加剧了国内危机。国内频繁的暴力活动使联合国等机构的人道主义努力也无法实施，无法向索马里运送粮食等生活必需品，即使运进去了也无法进行合理的分配，还会遭到抢劫。近来，索马里安全形势进一步恶化，针对联合国工作人员及援助机构人员的袭击事件频频发生，国际援助机构大多已

撤离索马里。难民们缺衣少穿，度日如年，饥寒交迫，更使暴力活动增加，因此，海盗只是在海上的一种暴力活动表现形式。这些举动得到了难民和居民的支持，使海盗活动有了广泛的群众基础。由于得到了老百姓的支持，海盗活动变得更为频繁凶残。

2006年9月18日，在索马里过渡政府所在地索马里南部城市拜多阿，被炸毁的汽车残骸仍在燃烧

索马里附近的亚丁湾位于印度洋和红海之间，是连接亚、非、欧三大洲和太平洋、印度洋、大西洋的航运"生命线"，每年约有来自100个国家和地区的近4.8万艘船只由此经过。这里占据了世界14%的海运贸易量和30%的石油运输量。这样的地理优势为海盗提供了得天独厚的条件。对失去生活来源的索马里贫民来说，当海盗是个"一本万利"的营生，几条小船和一些枪支，就可以带来巨大收获，因为被劫船只的船东宁愿支付高额赎金，也要保护船员的生命安全。巨额收入吸引越来越多的贫民铤而走险，索马里海盗总数由原来的不足百人，迅猛达到如今约1100人的庞大规模。

第二节　索马里海盗成员

目前活跃在索马里海域的海盗主要有四大团伙：一伙叫"邦特兰卫队"，他们是索马里海域最早从事有组织海盗活动的团伙；一伙叫"国家海岸志愿护卫者"，规模较小，主要劫掠沿岸航行的小型船只；第三伙叫"梅尔卡"，他们以火力较强的小型渔船为主要作案工具，特点是作案方式比较灵活；第四伙叫"索马里水兵"，其活动范围远至距海岸线200海里处。

索马里海盗出没海域

其中威胁最大的，正是对外号称"索马里海军陆战队司令"的阿巴迪·埃弗亚。埃弗亚不仅在2006年杀害过中国船员、2008年劫持了我国渔船"天裕8"号，劫持载有主战坦克等大批军火的乌克兰货船和沙特阿拉伯的"天狼星"号巨型油轮，更让他震惊世界，而闻名在外。

阿巴迪·埃弗亚是娃娃兵出身，从小就心狠手辣。1991年，年仅12岁的埃弗亚被家乡彭特兰省的军阀抓去当兵，并很快以勇猛毒辣而在军营里站稳了脚跟。一个熟悉埃弗亚的索马里记者说：

"有一次，埃弗亚随军阀头目杀回他出生的村子，当发现父母早已因贫困而病死后，他一把火烧了整个村子。那一年他才15岁！"埃弗亚这次的"勇猛表现"，令军阀头目当即对他刮目相看，很快就让他当上了排长，并在两年内将其提升为分队司令。

然而，这并不能让贪婪的埃弗亚感到满足。21岁那年，他率亲信将一手提携他的军阀头目乱枪打死，自立为王，抢得彭特兰省头号军阀的交椅。一心想发大财的埃弗亚，决定以军事组织结构与黑手党手腕相结合的方式，打造一支全新的海盗队伍。没花多长时间，他就靠手中的武装将附近的小海盗们统统收编旗下，队伍的规模迅速膨胀到1000人左右。接着，他设立了"舰队大帅"、"少帅"和"财政官"等职位，对海盗们实行严格管理，对外自称"索马里海军陆战队"。

占山头、拉队伍的埃弗亚很快就体会到了"当家不易"。由于索马里是世界上最贫穷的国家之一，他再怎么烧杀抢掠，也难以养活近千人的武装。如何弄钱维持实力，成了他最头疼的问题。他很快把眼光投向海洋——向每年在索马里附近海域过往的大约4.8万艘国际船只"讨钱"。

为了方便"海上作业"，埃弗亚强征当地仅有的几艘可出海的大型渔船，将其改造成"海盗母船"，后来又高价买来数十艘快艇，分派给各艘"海盗母船"。"海盗母船"每天轮流出港游弋，能对在距海岸600千米水域内航行的各种船舶发动袭击。一旦发现"猎物"，伪装成渔船的"海盗母船"就马上放下快艇，向"猎物"包抄过去。面对全副武装的海盗，船员们往往只能束手就擒。

埃弗亚"很讲规矩"：只要船东愿意支付赎金，他就不伤害人质。在讨价还价期间，埃弗亚会根据所劫获船只的价值和船员

的国籍，来确定赎金。据透露，精通国际洗钱手法的埃弗亚，靠劫持船只、勒索赎金，每年至少有3000万美元的"收入"。

埃弗亚将其中一部分用于"论功行赏"，为他本人和手下购买豪华轿车和别墅，剩下的大部分钱则用于购买更好的快艇、最先进的通信设备、更高级的武器。据说，埃弗亚的海盗队伍甚至已经装备了肩扛式便携导弹！

埃弗亚深知民众与地方官员支持的重要性，因而，他还拨出一部分赎金给当地的穷困渔民，或者向地方官行贿。为了让自己的海盗行为显得不那么卑劣，他甚至设立了"新闻发言人"，对外宣称："因为索马里政府无力维护海洋权益，外国船舶悍然侵犯我们的领海主权、抢掠索马里的渔业资源，向他们要钱不过是给我们的补偿。我们是索马里的海上保卫力量！"

埃弗亚心狠手辣，曾杀害过中国船员。2006年5月25日，由于与台湾船东的谈判陷入僵局，埃弗亚让手下杀害了辽宁船员陈涛。船东和埃弗亚整整谈判了7个月，付了150万美元赎金后，才和10余名船员平安回国。

第三节　主要恶性海盗事件回顾

近年来，随着索马里海盗力量不断壮大，途经亚丁湾、索马里里海域的船舶频繁遭到海盗袭击或劫持。索马里海盗已成为一大国际公害，对国际航运和海上安全构成严重威胁。据联合国国际海事组织统计，2008年以来，索马里附近海域已经发生120多起海上抢劫行为，超过30艘船只遭劫，600多名船员遭绑架。其中主要恶性事件有：

2008年9月25日，装载33辆T-72型主战坦克的乌克兰"法

第五章　索马里海盗作案正酣

伊尼"号货船在索马里东部海域被海盗劫持，船上共有21名船员。2009年2月5日，在支付高额赎金后，"法伊尼"号货船获释。

在摩加迪沙东北500千米处的一个小村庄里，一帮来历不明的海盗聚集在他们的头目的住地里持枪警戒，这里刚刚发生了劫持乌克兰军火运输船的事件。

被海盗劫持的乌克兰"法伊尼"号货船

2008年11月14日，天津远洋渔业公司所属的"天裕8"号渔船在肯尼亚海域被索马里海盗劫持，船上共有16名中国船员（含1名台湾船员）和8名外国船员。在各方努力下，"天裕8"

号于2009年2月8日获释。

天津远洋渔业公司所属的"天裕8"号渔船

2008年11月15日,沙特阿拉伯巨型油轮"天狼星"号在肯尼亚以东数百千米的印度洋上被索马里海盗劫持,船上共有25名船员。船上共载有200万桶石油,是迄今为止索马里海盗劫持的最大船只。海盗要求3000万美元赎金。2009年1月10日,在支付部分赎金后,"天狼星"号油轮获释。

"天狼星"号超级油轮

第五章 索马里海盗作案正酣

2008年12月17日，中国货轮"振华4"号在索马里沿海亚丁湾水域遭海盗袭击。最终，在各方共同努力下，登船海盗被逼退，30名中国船员成功脱险。目前，索马里海盗仍然控制着10多艘船只和200多名人质。

"振华4"号船员们搬出空的啤酒瓶，灌上易燃的"油漆水"，再用棉纱浸上柴油做导火索，准备了200多只"土燃烧瓶"退敌

2009年2月22日，一艘希腊货轮在索马里附近海域遭海盗劫持，船上有22名船员。

2009年4月4日，一艘德国货轮被索马里海盗劫持，船上共有24名船员。

2009年4月6日，中国台湾一条渔船在塞舌尔以北、索马里以东海域作业时被海盗劫持，船上共30人，其中有大陆船员5人、台湾船员2人、外国船员23人。

2009年4月20日，"新荣耀"号在亚丁湾穆卡拉西南110海里海域遭遇海盗袭击。"新荣耀"号总吨位19787吨，总长168.62米，是中远航运股份有限公司（广州）所属船舶，悬挂巴拿马旗，共31名中国籍船员，装载磷灰土前往印尼巴拉望。据介

绍,当时,两艘白色快艇载着13名海盗高速向"新荣耀"号靠近,在约100米处向"新荣耀"号上空射击。船长在发现海盗船舶追逐后,及时联系了附近军舰,并决定加大航速,以"之"字航行摆脱海盗追逐。同时,组织所有船员集中于后甲板,部分船员穿戴公司配发的钢盔和防弹衣,随时阻止海盗登船。在快艇接近并鸣枪后,"新荣耀"号向快艇方向发射救生信号弹两枚,示警驱离。14时10分左右,海盗见无法登临"新荣耀"号,放弃追逐。船舶无人员伤亡。

中国商船"新荣耀"号

第四节 海盗事件的惯用解决办法

索马里海盗去年疯狂作案,劫得数十艘船只。在已经得到解决的海盗事件中,多数船只通过支付赎金获释,只有少数通过营救行动或者自救行动逃脱海盗之手。以下是已经有过先例的海盗事件解决办法:

第五章　索马里海盗作案正酣

1. 支付赎金

联合国官员估计，海盗2008年劫持近50艘船，获得上亿美元赎金。不过，由于出事船主拒绝公开赎金数目，确切数字难以得到证实。其中，海盗劫持乌克兰军火船和沙特阿拉伯油轮"天狼星"号的行动最令外界震惊。法新社报道，海盗从这两起事件中勒索到的赎金总额就有大约800万美元。

2. 武力救援

迄今，在货船已经遭劫情况下，经媒体报道过采取这一行动的案例只涉及法国。2008年9月，法国海军大约30名特种部队士兵趁夜色登上一艘遭劫法国船只，在10分钟内解救出一对法国夫妇，击毙一名海盗并抓获其余人。

3. 武力解决

去年11月，印度海军宣布在亚丁湾海域击沉一艘海盗"母船"。根据印方说法，印度海军当时遭到这艘船只攻击。不过，国际海事局官员和这艘船的泰国船主后来证实，所谓海盗"母船"事实上是一艘泰国渔船，后被海盗劫持。印度军方击沉船只时，船上仍载有人质。路透社说，这也是迄今解决海盗事件最具争议的案例之一。

4. 地方游说

作为罕见案例之一，海盗去年12月在没有收到赎金的情况下释放了一艘也门货船。货船被劫数月时间，其间一些索马里部族长老和官员参与斡旋工作，成功说服海盗放船。这是过去两年中唯一一起海盗未收赎金主动放船案例。

5. 智勇自救

2008年12月，中国"振华4"轮在亚丁湾海域遭海盗袭击。

在海盗成功登船情况下，船上 30 名中国籍船员与他们沉着周旋 4 个小时，最终成功逼退海盗。这是自 2008 年年初以来，在海盗成功登船情况下，遇袭船只抵御海盗袭击且全身而退的唯一一例。

第五节　各国决心武力打击海盗

联合国通过决议

为保证国际航运、海上贸易和人员安全，联合国安理会在 2008 年 6 月通过第 1816 号决议，授权外国军队经索马里政府同意后进入索马里领海打击海盗及海上武装抢劫活动，授权有效期为 6 个月。此后，安理会又先后通过了第 1838 号、第 1846 号和第 1851 号决议，呼吁关心海上活动安全的国家积极参与打击索马里海盗的行动。其中，联合国安理会 12 月 16 日一致通过的第 1851 号决议决定，从即日起授权有关国家和国际组织在 12 个月内可以在索马里境内"采取一切必要的适当措施，制止海盗行为和海上武装抢劫行为"。索马里过渡联邦政府也呼吁各国进入其领海打击海盗。

目前，已有欧盟、美国、俄罗斯、印度等派出舰只在亚丁湾加强巡逻。但是，解决索马里海盗问题，除采取海上护航行动、阻止海盗袭击外，国际社会还应帮助索马里尽快恢复秩序，促进索马里实现和平与稳定。

各国合作对付海盗威胁

为了应对索马里海域频发的海盗劫持事件，在联合国决议框架下，多个国家已经组织起来，在索马里海域和亚丁湾打击海盗

活动,主要有:

2008年9月23日,俄罗斯海军总司令维索茨基上将宣布,俄罗斯决定出动军舰前往索马里海域,以打击在非洲沿岸劫掠船只的海盗。10月21日,俄罗斯驱逐舰"无畏"号通过苏伊士运河驶往索马里海域。11月20日,维索茨基再次表示,俄罗斯将增派军舰赴索马里附近海域定期巡逻,防止海盗袭击过往商船。

俄罗斯驱逐舰"无畏"号

9月29日,美国海军向索马里附近海域增派多艘军舰,并与俄罗斯等国的军舰一起包围了遭海盗劫持的乌克兰军火船。

10月17日,印度国防部宣布,将派遣一艘大型军舰前往索马里附近海域巡逻,舰上备有直升机,搭载有多名突击队员。

10月24日,北约派遣3艘分别来自英国、意大利和希腊的军舰前往索马里海域执行保护世界粮食计划署运粮船的任务。这一行动于12月12日暂告一段落。

12月8日,欧盟正式启动代号为"阿塔兰塔"的军事行动。

根据计划，欧盟将向索马里海域派遣6艘军舰和3架海上侦察机，一方面保证世界粮食计划署运粮船以及其他商船的安全，另一方面在该海域预防和打击海盗及其他武装抢劫活动。

12月20日，据伊朗国家电台报道，伊朗已经派遣一艘军舰在亚丁湾进行巡逻，以保护过往的伊朗船只免遭海盗劫持。

此外，韩国政府已宣布将向索马里海域派遣军舰，加入国际海上军事行动。如计划获得韩国国会通过，韩国军舰将于2009年初部署到位。日本目前也在积极寻求通过特别措施法案，为自卫队舰船进入索马里海域提供法律依据。

2008年12月26日下午，中国人民解放军海军舰艇编队从海南三亚起航，赴亚丁湾、索马里海域执行护航任务。护航编队由"武汉"号和"海口"号导弹驱逐舰、"微山湖"号综合补给舰、两架舰载直升机和部分特战队员组成，共800余名官兵。他们的任务是保护中国航经亚丁湾、索马里海域船舶和人员安全，保护世界粮食计划署等国际组织运送人道主义物资船舶的安全。这是我国首次使用军事力量赴海外维护国家战略利益，是我军首次组织海上作战力量赴海外履行国际人道主义义务，也是我海军首次在远海保护重要运输线安全。

2009年1月8日，美国宣布组建国际"特遣队"打击索马里海盗。这支特遣队由驻扎在巴林的美国第五舰队组成。该特遣部队于1月中旬全面展开行动，有超过20个国家参与，美海军少将特伦斯·麦克奈特被委任为特遣部队指挥官。

2009年3月6日，欧盟与肯尼亚签署移交索马里海盗协议。这一协议由肯尼亚外交部长韦坦古拉与欧盟轮值主席国捷克驻肯尼亚大使玛吉塔·富赫索娃签署。根据协议，欧盟海军将把在索马里海域抓获的索马里海盗嫌疑人交由肯尼亚法庭审判。欧盟海军在一份

第五章 索马里海盗作案正酣

中国海军编队奔赴亚丁湾护航

声明中说，这一协议将增强欧盟海军对索马里海盗的威慑作用。

2009年6月13日，索马里开始重建海军对付海盗。索海军司令法拉赫·奥马尔·艾哈迈德在摩加迪沙老港举行的训练营开营仪式上说，新招募的海军士兵将接受为期4个月的训练，随后将承担起保卫索马里海疆和打击海盗活动的重任。首批受训人员为500人，而海军计划最终将规模扩大到5000人。索马里新任国防部长优素福·穆罕默德·西亚德说，与聚集在亚丁湾海域打击海盗的外国军舰相比，索马里人更了解这些海盗，因此可以更加有效地打击海盗活动。

第六节 索马里海盗的"发展"趋势

近两年来，索马里的海盗活动区域不断扩展。以往他们主要分布在索马里中南部外海及东北部邦特兰沿海地区，集中在距海

岸50～60海里的近岸水域，通常不超过200海里。2008年，海盗活动区域逐步扩大至距离海岸500海里的广大海域，向南延伸至肯尼亚外海。2009年1月以来，索马里海盗活动已扩展至整个亚丁湾海区。2009年3月亚丁湾和索马里东部海域共发生海盗袭击事件31起，劫持成功率约13%。袭击事件较2月份的15起增加了106%，劫持成功率约增加了1倍。随着多国海军部队加大亚丁湾海域巡逻力度，索马里东部海域海盗偷袭也逐渐增多，3月份这片海域共发生13起海盗袭击事件，而2009年前两月总计只有1起。

海盗组织逐步趋向联合行动。索马里境内有25～30个规模不等的海盗集团，成员主要由当地渔民、前民兵武装成员和专业技术人员组成，总数约1200人。针对国际社会加强护航和打击的情况，索马里海盗各派别间加强勾连，进行合并或合伙，并统一计划、组织和协调。2008年12月，索马里各路海盗曾召开为期3天的秘密会议，成立了索马里海盗"行动委员会"，统一指挥和协调行动。

海盗装备越来越精良。索马里海盗将大量赃款用于购买武器装备，拥有包括母船、高速快艇、自动步枪、榴弹发射器、GPS定位仪、无线电通信器材、海事卫星电话及海面搜索雷达等先进装备。2009年1月23日，索马里安全部队抓捕海盗时，还曾缴获10个防空导弹发射装置，显示海盗已经装备了可用于攻击直升机的防空导弹。另外，海盗基地设施也逐步完善，基本具备了船只保养、维

手持卫星电话的今日海盗

修和补给的能力。

海盗袭击目标趋于广泛。随着国际社会护航力度加大，海盗逐渐改变过去零星出击的方式，集中 5~6 艘快艇配足武装人员同时出击，其中 1~2 艘负责警戒或分散护航军舰的注意力，剩余力量集中攻击目标船只。而且，随着海盗装备日益先进，其袭击目标已从吨位较小、完全无防护能力的渔船、游艇，扩大到排水量大、有一定防护能力的货轮、油轮甚至军火船。

海盗抢劫行为更趋暴力。此前，海盗通常采取武力恐吓或向船身开火，逼迫船只停船，很少发生射击人员的案例。现在，由于海盗直接面对护航军舰，面临被捕或被击毙的危险，所以采取了更多的暴力手段。攻击时使用火箭筒或轻武器直接进行射击，登船后首先射杀警卫人员。2009 年 2 月 25 日，海盗分子袭击我国中远公司"雁荡海"号过程中，就向"雁荡海"发射 2 枚火箭弹，并使用冲锋枪扫射，造成舰上人员受伤，幸亏附近的丹麦军舰及时赶到，海盗分子才未能得手。

第六章　巴以冲突接连不断

第一节　巴以冲突的由来

巴勒斯坦位于亚洲西部地中海沿岸，包括现在的以色列、加沙、约旦河西岸和约旦。历史上，犹太人和阿拉伯人都曾在此居住过。

公元前63年，罗马帝国侵入耶路撒冷，占领了巴勒斯坦。尽管犹太人曾举行多次武装起义，但均被罗马人镇压下去，被罗马帝国大屠杀150万人亡国后，犹太人被驱逐出巴勒斯坦，失去了他们的国土与家园，开始流散在欧洲各国。

犹太教、基督教和伊斯兰教本是同源宗教，三教都崇拜同一个上帝。但基督教教义认为，是耶稣的12门徒之一的犹大为了30块银币而出卖了上帝之子，是犹太人将耶稣钉死在十字架上，因此这就造成了基督徒们在情感上对犹太人的仇视。而基督教是世界上流传最广、信教人数最多的宗教。

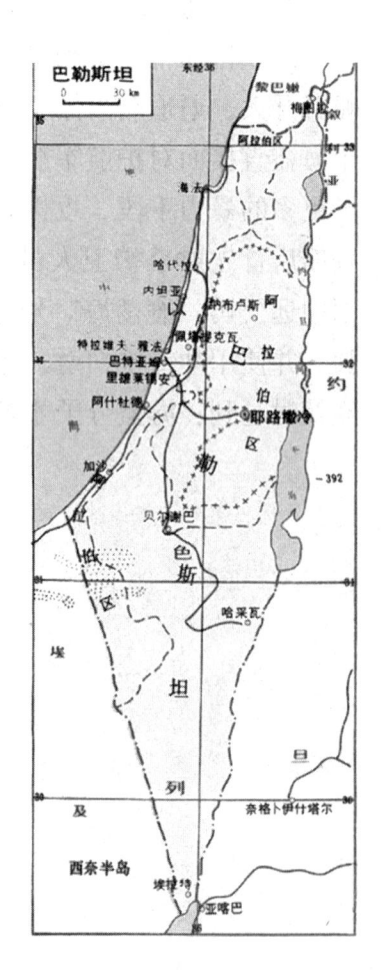

巴以地图

第六章　巴以冲突接连不断

在欧洲，特别是西欧，人们普遍信仰基督耶稣，因此，自中世纪开始，在漫长的一千多年间，犹太人被欧洲基督教社会视为异教徒和杀基督者而遭到歧视、隔离，一波又一波的反犹浪潮以及一次又一次的大屠杀。当时的犹太人等同贱民，被视为"道德上的麻风病患者"，不得与基督教徒混杂，被强迫集中在犹太人贫民区"隔都"实行圈禁，有的国家甚至规定犹太人外出必须配戴醒目的黄色标章加以羞辱和隔离。但犹太人始终没有放弃自己的信仰，虽然流浪到世界各地，他们仍然固执地坚持着他们的教义，保持着他们的文化，形成一支独特的、没有自己土地、没有自己祖国的民族。这也就是日后酿成遭受纳粹德国的大屠杀，造成今天中东民族冲突的悲剧历史的根源。

犹太人获得第一次解放是18世纪的法国大革命，基于平等、自由、博爱的精神，法国犹太人首次获得平等的公民权利，然后拿破仑大军打破了西欧各国的犹太隔都，解放了犹太人。但法国革命后，反犹太主义在欧洲又卷土重来，德国各邦、奥地利、意大利等国取消了拿破仑时代给予犹太人的权利，一些国家的犹太人又被赶进"隔都"。当时德国一位反犹太主义者公开鼓吹说，犹太人应该被彻底灭绝，将他们的女人送进妓院，把他们的孩子卖给西印度的英国人做奴隶。

犹太人与阿拉伯人本是同血缘的阿拉伯半岛闪族人，在漫长的中世纪时代，伊斯兰教徒远比基督教宽容，在伊斯兰统治的地方，犹太人被视为大卫王的后裔而很少受歧视，留在故土的犹太人和伊斯兰教徒一直和平相处，很少纠纷。19世纪末，犹太复国主义运动在世界各地兴起，各地的犹太人大批移入巴勒斯坦。当时，巴勒斯坦是土耳其奥斯曼帝国的一个省，多数居民是伊斯兰农民，在城市有一部分阿拉伯基督教徒和土生犹太人。这时移民

巴勒斯坦的,主要是处境险恶的东欧犹太人,由犹太复国运动成立的基金会为他们出资购置土地,助他们安家乐业,他们与阿拉伯邻居尚相安无事。

第一次世界大战发生后,英国托管巴勒斯坦,1917年,英国外相贝尔福代表英国政府致函犹太复国领袖,支持犹太人建国。此称为"贝尔福宣言",是犹太人复国获承认的第一份国际文件。但随着欧洲犹太人源源不断移入,以及犹太人定居点经济的发展与繁荣,造成犹太移民与阿拉伯伊斯兰教徒的矛盾也开始浮现。1920年首次发生阿拉伯人反对犹太人的骚乱。但在希特勒上台之前,犹太人移民巴勒斯坦人数并不多。

1933年希特勒上台后,犹太人在欧洲面临灭族大祸,这时前往巴勒斯坦的已不是移民,而是逃命的难民。这是世界近代史中的首次大难民潮。但当时英国在阿拉伯国家的压力下,反而对犹太人移民巴勒斯坦和购置土地安家定居作了严格限制。但全世界犹太人组织和欧洲人道团体伸出援手,帮助犹太难民以各种方式逃亡到巴勒斯坦。有许多犹太人是穿过重重关卡,翻越阿尔卑斯山,千里跋涉到西欧海岸,再坐船横渡大洋到巴勒斯坦。第二次世界大战,全欧洲有600万犹太人被屠杀,占整个欧洲犹太人的二分之一。战争刚结束时,许多犹太人仍关在集中营,有的波兰犹太人曾尝试返回故居,但竟然遭到邻居的冷眼排斥,有的甚至被邻居杀害。战前波兰有300万犹太人,死于集中营的就有150万之多,战后波兰犹太人已所剩无几。

战后犹太人被屠杀的真相震惊全世界,唤醒了世界的良心,除阿拉伯国家,全世界都支持犹太人建国,包括战前曾坚决反对的前苏联。1947年11月29日,联合国通过巴勒斯坦地区分建犹太国和巴勒斯坦国的决议。

第六章　巴以冲突接连不断

1948年5月14日，英国托管结束，犹太人的以色列按联合国决议，宣布正式建国。从此，两千年来没有祖国而到处流浪受着侮辱与屠杀的犹太人民，要求建立犹太国家的愿望，开始实现了，但阿拉伯国家则拒绝承认。以色列建国的第二天，黎巴嫩、叙利亚、约旦、埃及和伊拉克五个阿拉伯国家组成盟军向以色列宣战，要将这个新国家从地图上抹去。但结果是以色列战胜，占领了大片阿拉伯人土地，96万巴勒斯坦人逃离家园。这就是第一次中东战争，以巴冲突的开始，也是巴勒斯坦难民的由来。

第一次中东战争阿军发起进攻

以色列和阿拉伯国家前后共打了五次中东战争，三次由以色列发动，两次由阿拉伯国家发动。每次战争都是以色列胜利，占领更多的土地，制造更多的难民，双方的你不仁我不义也产生了更多仇恨。

以色列通过战争占领了包括耶路撒冷在内的大量的巴勒斯坦领土，数百万巴勒斯坦阿拉伯人被逐出家园，沦为难民。此后，以在被占领的阿拉伯领土上实施犹太移民政策，大量兴建犹太移

民定居点，力求通过改变其占领领土上的人口结构，建立一个大以色列国。

第二节　巴以和平路漫漫

巴以和平进程

为了恢复民族权利，重返家园，1964年5月，巴勒斯坦解放组织（下称"巴解组织"）成立，其目标就是要在"巴勒斯坦领土上消灭犹太复国主义"。从此，巴开始了反以武装斗争。但多年的流血冲突使双方认识到，战争无法达到消灭对方的目的。在国际社会的斡旋下，巴以双方开始寻找政治解决的途径。

1988年11月15日，巴解组织全国委员会第19次特别会议通过《独立宣言》，宣布建立以耶路撒冷为首都的巴勒斯坦国。此后有130多个国家先后承认巴勒斯坦国。由于没有自己的领土，巴勒斯坦国不是一个真正意义上的国家。

1991年10月马德里中东和会召开，阿以间开始艰难的和平谈判。这是阿拉伯国家与以色列第一次坐到一起试图解决长达40多年的冲突。这次会议构筑了中东和谈的基本框架——和谈分成双边会谈和多边会谈两个层次，确立了以"土地换和平"的基本原则。1993年9月13日，巴以双方第一个和平协议——巴勒斯坦自治《原则宣言》在华盛顿签署。根据协议，巴勒斯坦人首先在加沙—杰里科地区实行自治，临时过渡期为5年。

尽管根据协议，1994年5月巴勒斯坦开始自治，但关于巴勒斯坦最后阶段谈判却因双方在耶路撒冷的归属、犹太人定居点、巴勒斯坦难民回归、巴以边界划定等棘手问题上分歧太大，巴以

第六章　巴以冲突接连不断

1991年10月30日，解决巴以问题的中东和谈开幕现场

双方至今没有达成永久性和平协议。

1995年9月巴以双方签署了塔巴协议，以色列军队先后撤出约旦河西岸的7座主要城市，由巴方自治。

1996年5月4日，巴以开始就关于巴勒斯坦最后阶段谈判进行了首轮会谈。

但以色列在1996年6月内塔尼亚胡执政后，背弃以"土地换和平"的原则，强调以"安全换和平"的原则取而代之，使中东和平进程停滞不前。尽管巴以先后签署了《希伯伦协议》和《怀伊协议》，但终因以政府的拖延而未能彻底执行。1999年5月，巴拉克当选以色列总理。为落实《怀伊协议》，巴以签署了《沙姆沙伊赫备忘录》，双方同意1999年9月13日开始最终地位谈判，并于2000年2月15日前就耶路撒冷地位等问题达成框架协议，9月13日前达成最终协议。由于以方蓄意拖延，协议条款没有得到很好的执行。2000年7月巴以美三方首脑会晤在美国马里兰州的戴维营举行。因涉及耶路撒冷地位、边界划分、犹太人定居点前途、巴难民回归以及水资源分配等棘手问题，会谈未能达成协议。

2000年9月28日，以强硬派领导人沙龙强行进入伊斯兰圣地阿克萨清真寺，引发了一场旷日持久的巴以流血冲突，特别是2001年3月沙龙政府上台以后，由于沙龙采取了一系列强硬政策，巴勒斯坦一些激进组织针对以色列人制造了一系列"恐怖活动"，致使以色列采取了强烈打击报复，巴以双方陷入报复与反报复的恶性循环。

2003年4月，中东问题有关四方（联合国、欧盟、俄罗斯和美国）共同制订的中东和平"路线图"计划正式启动。但是，此后由于巴以冲突不断，以及双方在关键问题上分歧太大，巴以和平进程一直未能取得实质性进展。

2007年7月，在葡萄牙首都里斯本举行的中东问题四方会谈发表声明，重申致力于结束以巴之间的冲突，为未来巴勒斯坦国的建立奠定基础。

2007年6月，英国前首相布莱尔被任命为中东问题四方特使。7月23日首访中东，以履行其推动中东和平进程的使命。

2007年11月，中东问题国际会议在美国马里兰州首府安纳波利斯举行。巴以达成《共同谅解文件》，并表示将努力争取在2008年年底前达成内容广泛的和平协议，为巴以迈向和平之路提供了框架和机制。

2008年来，巴以双方虽然举行过和谈，但美国期望的"时间表"没有得到实质性落实，以巴局势依旧紧张。9月，安纳波利斯协议陷入僵局，中东问题有关四方代表后来在埃及城市沙姆沙伊赫召开会议，共同商讨中东和平进程，未取得实质性成果。12月19日，巴勒斯坦伊斯兰抵抗运动（哈马斯）与以色列签署的停火协议日到期，哈马斯向以色列境内发射大约百枚火箭弹和迫击炮弹，没有造成以色列人伤亡。27日，以色列大举进攻加沙地

区，巴以战火双方重燃战火。

影响巴以和平的症结

巴勒斯坦和以色列最终地位谈判因涉及耶路撒冷地位、边界划分、犹太人定居点、巴难民回归以及水资源分配等诸多棘手问题而步履维艰，自 2000 年 7 月戴维营谈判中断后一直没有得到实质性恢复。

1. 耶路撒冷地位

1947 年 11 月联合国大会通过巴勒斯坦分治决议，规定耶路撒冷为国际化城市，由联合国管理。第一次中东战争结束后，耶路撒冷被阿以双方的停火线由北向南切割为东、西两个部分，东区被约旦（当时叫外约旦）占领，西区被以色列占领。以色列建国后，宣布西耶路撒冷为首都。1967 年以色列夺取东耶路撒冷。1980 年，以色列议会通过法案，宣布耶路撒冷是以色列永久、不可分割的首都。

巴勒斯坦自 20 世纪 60 年代就宣称耶路撒冷是巴勒斯坦领土的一部分，以色列必须全部放弃。1988 年，巴解组织发表的独立宣言将耶路撒冷定为巴勒斯坦国首都。

2. 边界划分

以色列和阿拉伯国家之间矛盾的实质是领土问题，双方的领土争端是在过去几十年中陆续形成的。

1947 年联合国安理会通过的巴勒斯坦分治决议，把总面积为 2.6 万多平方千米的巴勒斯坦领土一分为二，14477 平方千米划给犹太人建以色列国，11655 平方千米划给阿拉伯人建立巴勒斯坦，并将耶路撒冷暂定为"国际城市"，即归属未定。

在以色列建国的第二天，即1948年5月15日爆发的阿以战争中，以色列吞并了划归给巴勒斯坦的6200多平方千米的土地，并强行占领了西耶路撒冷。当时的约旦国王阿卜杜拉占领了划归巴勒斯坦的约旦河西岸领土，包括东耶路撒冷，共5268平方千米。1967年第三次中东战争中，以色列占领了约旦河西岸和加沙地带，同时还占领了6000多平方千米的埃及西奈半岛、1600平方千米的叙利亚戈兰高地、埃及管辖的加沙地带，又从约旦手中夺走了东耶路撒冷，并宣布整个耶路撒冷为以色列的首都。1982年黎巴嫩战争中，以色列又占领了黎巴嫩南部一条10～15千米宽的狭长地带。

根据1978年埃以达成的戴维营协议，以色列把西奈半岛归还了埃及。1974年，以色列曾把戈兰高地的一部分退还给叙利亚，但继续占领戈兰高地其余的700平方千米的土地，并于1981年宣布将其并吞。

多年来，阿拉伯国家要求以色列遵照联合国242号和338号决议，在被占领土上停止兴建犹太移民定居点，撤出1967年其占领的领土，以"土地换和平"。以色列却认为，西奈半岛归还埃及后，它已完成履行联合国决议的要求，现在只需要以"和平换和平"。

巴勒斯坦人民要求在被占领土上建立自己独立的国家，以色列却只顾同西岸和加沙地带的代表讨论"有限自治"问题。叙利亚要求以色列归还戈兰高地，黎巴嫩要求以色列撤出黎巴嫩南部，而以色列却一再表示坚持"寸土不让"。

3. 犹太人定居点

以色列是世界上唯一以移民定居而形成的国家。1967年第三次中东战争结束后，以色列政府开始在约旦河西岸和加沙地带修建定居点。根据巴方1999年的统计，30多年间，以色列在巴勒

斯坦领土上共建定居点200个，犹太移民达10.4万。以色列的犹太移民政策是谋求通过改变其占领的阿拉伯领土上的人口结构，建立一个从约旦河直至地中海的大以色列国。在巴以和谈中，巴方要求以色列拆除在加沙和约旦河西岸所有的定居点。而根据沙龙的"单边行动计划"，以色列只准备拆除加沙地区的全部21个和约旦河西岸的4个定居点。

4. 难民回归

50多年的巴以冲突制造了波及整个中东地区的巴勒斯坦难民问题。据联合国难民事务高级专员署统计，目前巴勒斯坦难民总数接近350万，除约旦河西岸和加沙地区外，主要分布在约旦、黎巴嫩和叙利亚。这些难民能否回归、回归多少将涉及巴勒斯坦、以色列等中东相关国家的民族构成、人口比重和社会安全等重大利益。在巴以和谈中，以色列反对巴勒斯坦难民回归。

5. 水资源分配

巴勒斯坦地区60%以上属于干旱和半干旱地区，包括地表水、河流和地下水等可再生水资源总量估计为20亿立方米。在数量上，以色列占有和消耗全部水资源的80%，巴勒斯坦自治区只能享用剩余的20%。另外，巴以关于水资源分配还涉及边界划分、犹太人定居点前途等问题。因此，以色列反对彻底同巴勒斯坦进行水资源再分配，主张共同管理水资源，以保证以色列水资源安全不受威胁。巴勒斯坦则坚持收回所有加沙和约旦河西岸水利设施的所有权，拒绝接受同以色列共同管理水资源。

1978年埃及总统沙达终于正视阿拉伯人在巴勒斯坦必须与犹太人和平共处的现实，与以色列签署大卫营和平协定，承认以色列国。以色列则以土地交换和平，向埃及交还了占领的西奈半岛。但理性的沙达竟因此在1981年被激进的阿拉伯人行刺杀害。一些

中东专家认为，以色列在以巴冲突中强悍无比，坚持以暴易暴，常发动先发制人的战争，大概是它能在充满敌意的阿拉伯汪洋大海中，屹立半世纪而未致倾覆的因素之一。

第三节　巴以重燃战火

2008年12月27日上午，以色列军队对加沙地带发动大规模空袭，造成190多人死亡。这次袭击发生在犹太教安息日期间，可谓出人意料。其直接原因，哈马斯持续不断的火箭弹袭击是导火索。12月19日以色列与哈马斯为期6个月的停火协议到期，虽然埃及方面从中斡旋，但双方没有就延续停火协议达成一致。自19日至26日约一周时间里，哈马斯向以南部地区发射了200多枚火箭弹和迫击炮弹，虽然没有造成重大人员伤亡，但让以居民产生严重恐慌。这种恐慌进而转变为对以政府的不满，民调中主张进攻加沙地带者所占比率迅速增加，达到近50%；要求主张谈判政策的国防部长巴拉克下台的声音不绝于耳，迫于内部压力，以内阁不得不批准对加沙地带采取军事行动。

简要经过

2008年12月27日起，以军对加沙发动代号为"铸铅"的军事行动，这是自1967年中东战争以来以色列对该地区发动的最大规模袭击。空袭当日，以色列150架战机在24小时内发动250次空袭，大规模轰炸加沙地带哈马斯目标，造成了近1700人伤亡。截至2009年1月4号，以军空袭已造成至少480人死亡，约3000余人受伤。经过半年停火，巴以问题已经逐渐淡出人们视野，这次战火重燃，巴以问题再次引起国际社会的强烈关注。

第六章　巴以冲突接连不断

空袭后的加沙城

在以色列对加沙地带实施了长达一个星期的空袭后，2009年1月3日晚，以地面部队在空军配合下进入加沙地带，并迅速对加沙城形成包围之势。自1月12日开始，以军地面部队在坦克和装甲车的配合下开始进入加沙城南部和西南部腹地展开行动，并与巴勒斯坦武装人员发生激烈交火。同时，以色列空军、海军和地面火炮也对加沙城发动猛烈打击。

空袭加沙后，街道惨状

天平的砝码：当今世界军事热点

1月15日凌晨，以色列地面部队在城市边缘犹疑了数天后突然向加沙城腹地挺进，并与巴勒斯坦武装人员发生激战。当天傍晚，以军炸死了包括哈马斯当局内政部长赛义德·赛亚姆在内的3名哈马斯高级领导人。

巴以冲突给加沙造成严重的人道主义灾难。目前，在加沙生活的平民不仅生命安全受到严重威胁，还面临水电、食物和药品短缺等多种困难。

12月27日，从加沙南部城镇拉法可以看到远处
以色列战机空袭引起的滚滚浓烟

为结束冲突，联合国、埃及、法国等纷纷开始进行斡旋。2008年12月31日，阿拉伯国家外长紧急会议在开罗召开，就以色列在加沙地带的军事行动协调阿拉伯世界的共同立场。2009年1月6日，埃及总统穆巴拉克提出停火倡议，呼吁巴以双方立刻实现一定期限的停火。1月8日，联合国安理会通过第1860号决议，呼吁巴以立即实行"持久的、受到全面尊重的停火"，以促成以色列军队从加沙全部撤军。

第六章　巴以冲突接连不断

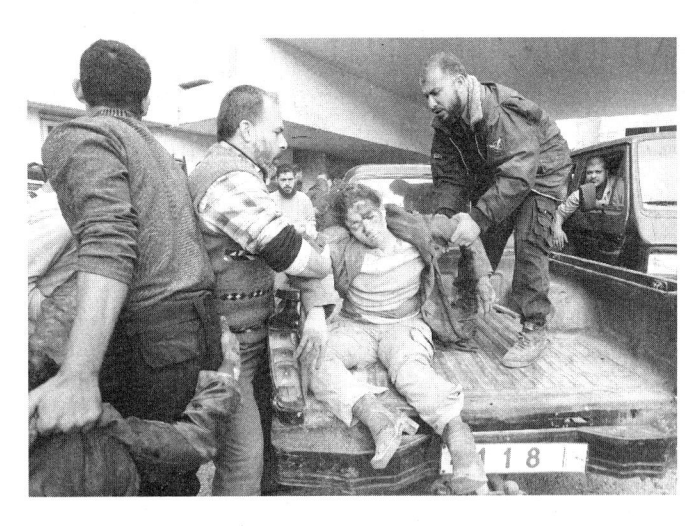

12月27日，以军对加沙城进行空袭后，一名受伤的妇女接受救助

以色列内阁总理奥尔默特17日晚宣布，以军将于18日凌晨2时开始在加沙地带实施单边停火，因为以军在加沙的行动"已经达到所有既定目标"。控制加沙地带的哈马斯的一名发言人17日晚表示，哈马斯将继续抵抗，直到以军撤出加沙。

巴以加沙之战的诱因

此次巴以加沙冲突是旧年岁末、新年伊始最为吸引全世界目光的武装冲突，除了巴以之间的千年宿怨，还有着直接的现实诱因。

1. 哈马斯力图摆脱困境

哈马斯——巴勒斯坦伊斯兰抵抗运动，由"伊斯兰"、"抵抗"、"运动"三个阿拉伯语缩写而成。哈马斯成立于1987年12月，创始人为谢赫·艾哈迈德·亚辛，是一个集宗教性、政治性为一体的武装派别。主张用武力消灭巴土地上的犹太复国主义者，理想是建立一个以耶路撒冷为首都的政教合一的独立巴勒斯坦国。

"三拒绝"是其旗帜：拒绝承认以色列、拒绝放弃暴力、拒绝接受巴以过去已经签署的和解协议。"9·11"事件后，美国和欧盟先后宣布哈马斯为"恐怖组织"，并冻结其财产。澳大利亚随后也宣布冻结哈马斯领导人的财产。但是，哈马斯是伊朗强大支持下的武装派别，利用伊朗等国和同情哈马斯者的外部支持，在加沙地区大力开展慈善事业，开展抗以武装斗争，其"彻底消灭犹太人，把以色列从地球上抹去"的理念也符合深受灾难的巴勒斯坦民众心愿。

2006年1月，哈马斯在巴立法委员会选举中一举击败主导巴政坛将近半个世纪的巴勒斯坦民族解放运动（法塔赫），赢得大选。哈马斯领导人哈尼亚成为巴勒斯坦民族权力机构政府总理。2007年6月14日，哈马斯突然采取武力驱逐了法塔赫，夺取了加沙控制权。巴勒斯坦民族权力机构主席阿巴斯宣布解散由哈马斯主导的民族联合政府，在约旦河西岸组建了过渡政府。由于以色列的合作对象是巴勒斯坦民族权力机构，而非要"把以色列从地图上抹去"的哈马斯，于是以色列加紧了对加沙地带的封锁，试图断绝哈马斯的武器走私，削弱哈马斯力量。哈马斯则持续从加沙地带向以境内发射火箭弹。2006年6月，在埃及的斡旋下，哈马斯和以色列签了6个月的停火协议。但该协议一到期，哈马斯就恢复了火箭弹袭击。

哈马斯为何在停火协议一到期就恢复袭击呢？这就是它面临的现实问题而决定的。

第一个因素是哈马斯激进的意识形态决定的。它的宗旨和目标与伊朗一样，是"彻底消灭犹太人，把以色列从地球上抹去"。

第二个因素是哈马斯的基本性质决定的。崇尚武力、暴力甚至恐怖活动，是哈马斯的基本特征，这也是它在阿拉伯社会受到孤立的根本原因。

第六章　巴以冲突接连不断

哈马斯武装人员发射火箭弹

第三个因素是哈马斯困难现状决定的。2007年6月，哈马斯突然采取武力将法塔赫驱逐，夺取了加沙地带控制权以后，以色列关闭了加沙地带通往外界的关口。以色列的封锁造成加沙地带生活用品极度短缺，民众生活十分艰难，百姓颇有怨气，危及哈马斯在加沙地区的统治基础。自从以色列封锁加沙以来，使得哈马斯的处境非常艰难，加之欧美的制裁，不仅哈马斯自身和当地百姓的生存物资非常紧张，而且哈马斯的财政极其吃紧，甚至发生了其"公务员"罢工讨薪的事件，其慈善事业也处境艰难，再加之哈马斯实行更加严格的宗教管制等等因素，部分百姓感到处境远远不如法塔赫主导的执政时期，对哈马斯的怨气逐渐加深。这是以色列封锁边界和口岸的胜利，也是哈马斯的忧虑。在受到普遍孤立的情况下，如果不改善该地区的封锁状态，从而改善哈马斯和加沙地区百姓的生存状态，哈马斯就难以长期控制加沙地区，时间一长甚至会被加沙地区的百姓抛弃。加之，阿巴斯决定提前举行巴民族权力机构进行立法委员选举，哈马斯要通过武力

斗争提升选举的获胜几率。所以，哈马斯只能利用发动对以色列的火箭弹袭击来达到目的，力图引起国际社会的重视，逼迫以色列解除对加沙的封锁，改变目前的困难处境。只是，哈马斯万万没有想到：以色列会采取如此大规模的军事打击行动。

哈马斯武装人员在作战

2. 以色列力图借机彻底改善安全环境

自从第四次中东战争结束后，对以色列构成直接而经常性的威胁对手，由临近的阿拉伯国家向巴解组织转变。而1982年以色列发动的第五次中东战争（第二次黎以战争），将在黎巴嫩境内不断发动对以色列袭击的巴解组织赶出黎巴嫩以后，阿拉法特从暴力解放的理念转化为武力不能解决问题、和谈才是出路的理念，

巴以和谈有了重大转机和成果，以色列也开始了土地换和平路线：以色列从约旦河西岸和加沙地区撤军，迁移犹太定居点的犹太人。

但是，就是因为1982年的黎以战争，导致了由伊朗一手组建的黎巴嫩真主党的建立。自然，黎巴嫩真主党奉行的就是伊朗的"彻底消灭犹太人，把以色列从地图上抹去"的宗旨，再次成为以色列新的、最大的敌人。在饱受真主党不间断的袭击之苦后，2006年7月，以色列利用真主党越界袭击以军，打死以军8人、绑架2名伤兵事件，发动了第三次黎以战争，攻入黎巴嫩境内对真主党实施大规模的军事打击行动。这次战争的结果，虽然外界、甚至部分以色列人自己都说以色列遭到失败和耻辱，其实以色列取得了巨大的胜利：

一是黎巴嫩真主党长期控制和实际"执政"的、面积约为1200平方千米的黎巴嫩南部地区——真主党自己的"国家"消失了；二是黎巴嫩真主党被联合国的决议规定要求解除武装了，虽然真主党拒不执行，但只能是"秘密的地下行动"了；三是真主党几乎所有的军事阵地和据点、训练基地、办公场所都被以军摧毁了；四是13000余人的联合国维和部队进驻黎巴嫩南部地区，监督双方不得出现军事新的军事冲突，更是严重地限制了真主党的各类活动；15000人的黎巴嫩政府军进驻一直处于"政府管辖真空地区"的黎巴嫩南部地区，实现真正意义的国家统一和管理。

这些对以色列来说，意味着以色列脱离了长期遭受黎巴嫩真主党火箭袭击、迫击炮袭击、地面袭击的困难处境；意味着联合国维和部队和黎巴嫩政府军代替以军实施对本土的防卫任务，避免再受黎巴嫩真主党的袭击；意味着以色列北部地区实现的和平与安全。从2006年8月战争结束，情况就是这样。这次真主党自

天平的砝码：当今世界军事热点

己的小兄弟哈马斯遭到以色列大规模军事打击，真主党也只是口头声援，而不敢采取行动。甚至当黎巴嫩境内的巴勒斯坦武装组织向以色列发射火箭弹时，真主党赶紧声明不是自己所为，并进行谴责。所以，这次以色列决心对哈马斯采取大规模军事行动实施打击，就是受到2006年通过黎以战争改变了北部地区的安全环境的形势鼓舞，这次就要通过对哈马斯的大规模军事打击改变南部地区的安全环境。正如以色列政府发言人在1月15日所说的那样："每个人都认为2006年黎巴嫩战争，对于我们来说都是一场灾难，也是一个错误。但是看看现在的局势，尽管真主党依然憎恨我们，但是以色列与黎巴嫩北部边境却已经保持了两年半的平静。那也是我们想在加沙完成的目标。"

1982年以色列入侵黎巴嫩前夕，沙龙亲自潜入贝鲁特进行战前的实地侦察

第六章 巴以冲突接连不断

以色列在 2006 年的黎巴嫩战争中已经体会到，民兵性的组织是无法从肉体上和组织上彻底消灭的。所以，以色列只能基本目标定位在逼迫哈马斯签署长期停火协议上，把最高的目标定位在推翻哈马斯在加沙地区的统治上；因此，就要首先动摇它的群众基础。的确，以色列的长期封锁取得了削弱哈马斯群众基础的一定胜利。当哈马斯试图通过不断的、密集的武力袭击来改变处境时，以色列动手的时机也成熟了，目标就是最大限度地消灭哈马斯，削弱其有生力量和统治地位，实现以色列南部地区长久安全的目标。

以色列炮手向黎巴嫩南部开火

当然，以色列今年的选举需要也是一个因素，但是单纯为了选举而发动战争，恐怕没有哪个执政党会做出如此冒险的举动；因为利用战争行动的本身就是一把政治双刃剑，打得好也许会赢得支持，打得不好就可能导致下台。2006 年的黎以战争，虽然以色列国家获得了巨大利益，但是看问题直接的民众却不满意，执政党的支持率急剧下降。

双方得失比较

这场冲突，从根本上说，以色列已经实现了初级的军事和政治目标，最大限度地消灭和削弱哈马斯力量，所以以色列决定单方面停火。而哈马斯没有实现任何目标，反而遭受了史无前例的重大损失，所以哈马斯只能苦撑下去。总体而言，以色列胜利了，哈马斯失败了。

1. 哈马斯具体的得失比较

哈马斯目前的收获不算太多：

火箭弹袭击和各种抗击，造成以色列 10 余人死亡，70 余人受伤，一些建筑物和设施被毁，并给以色列民众造成一定程度的恐慌。

以军进攻行动难以避免地误伤平民，加之哈马斯自己的"人肉盾牌"战术，造成众多的民众、尤其是妇女儿童伤亡，使以色列受到国际社会的谴责，联合国有关机构要求调查以军战争罪行，使以色列外交遭受被动。

在世界范围内再次激起了穆斯林民众对以色列的仇恨。但是，以上这些对以色列来说，都是几十年的老问题，对它已经没有实质意义。

知名度获得很大提高。但是这里需要特别说明一个问题，就像 2006 年黎巴嫩真主党与以色列的战争一样，战争结束之后，很多专家认为真主党通过战争赢得了更大的民意支持，那是错误的信号。如果真主党真的获得了更高的支持率，为什么千方百计地组织暴力活动并组织了长达一年多的占领贝鲁特广场和抗议活动，阻挠黎巴嫩总统选举？其实这是真主党做过调查以后发现事情并非如此。很多人往往把知名度和民众的谈论密度当做支持率；其

实，谈论是一回事，口头的支持又是另一回事。因为大家都是穆斯林，毕竟哈马斯抗击了以色列，毕竟以色列伤害了很多的无辜百姓，这个时候没有多少人会在媒体面前去谴责哈马斯，就像当年不会去公开谴责真主党一样。当然，哈马斯的目标——解除以色列的封锁有望可以解决。但这本身就是哈马斯导致的，是在哈马斯以武力驱逐法塔赫和袭击以色列后才被以色列封锁的。如果哈马斯以后不再发动袭击，以色列是会解除封锁的，这也是以色列的目标。

哈马斯的损失却可能是根本性的：

从长远来看，理想更加遥远。哈马斯的理想是"彻底消灭犹太人，把以色列从地球上抹去"，"在耶路撒冷建立首都"。这一仗下来，力量极大受损，这个理想更加成为空中楼阁。

从眼前来看，现实更加严峻。哈马斯这次发动对以色列火箭弹袭击的直接动机就是迫使以色列解除对加沙的封锁，开放加沙口岸；开放加沙口岸、解除封锁又是为了更加便利地得到更多的走私武器、改善加沙地区的物资供应，从而平息百姓的怨气，巩固控制地位。但是与之相反的是：第一，以色列不仅没有开放口岸，解除封锁，哈马斯自己反而被以军四面包围进攻，失去了包括高层领导在内的众多人员，被压缩到几乎没有生存的狭小空间。第二，希望通过开放口岸得到更多走私武器的目标没有实现，反而被以军摧毁了大量的武器、秘密弹药库和武器加工制造场所和设施设备。第三，希望通过解除封锁改善加沙地区生存状况、进而巩固自身控制力的目标更没有实现，而且更加严峻，并导致众多百姓失去家人和家园，难道不会有百姓认为这是哈马斯袭击以色列导致的？

从伊斯兰世界来看，处境更加孤立。哈马斯也没有像06年的

真主党那样,因为袭击以色列引发黎以战争而赢得一些穆斯林国家和组织的支持,被树为抗击以色列的英雄,反而在阿拉伯世界显得更加孤立。尽管战争期间哈马斯发出了"在全世界范围杀死犹太人儿童作为对以色列炸死巴勒斯坦妇女儿童的报复"的呼吁,但迄今没有人响应就是鲜明的例证。

从巴勒斯坦内部看,前景更加不妙。哈马斯因为这场武装冲突实力大大受损,在与法塔赫的权力角逐中损失更大;世界范围内的抗议浪潮也主要是各国的穆斯林组织实施的为主,但是,都是谴责以色列伤害无辜平民为主题。哈马斯没有因为诱发战争提升威望,法塔赫也没有因为隔岸观火而受到指责,恰恰是因为哈马斯实力受到大大削弱,法塔赫而渔翁得利。

2. 以色列具体的得失比较

以色列目前的收获可谓硕果累累:

外交上,没有受到过多指责。由于世界上很多国家认同哈马斯的"恐怖主义性质",加之并且哈以加沙之战的直接诱因是哈马斯连续多日向以色列发动火箭弹袭击,而且以色列一直没有采取报复行动,显示出足够的"忍耐"(当然其实"预谋"),所以在采取大规模军事行动以后,开始阶段也没有受到过多指责;就是在不断造成很多平民伤亡之后,联合国通过的1860号决议也仅仅限于呼吁停火,没有谴责的言辞。连一向以谴责以色列战争暴行为主流的中国网民,这次的主流民意却变成了多数人支持以色列打击哈马斯,对伤及平民的现象也显示出足够的理解,认为是"战争不可避免的"。

政治上,执政地位更加稳固。以色列这次的大规模军事行动,不仅是执政党决心大,而且反对党同样支持,民众更是普遍支持,表现出近若干年来难得的"同仇敌忾",全国上下万众同心。显

然，政府将因为采取军事行动提升民意支持率，巩固执政地位。

战略上，安全环境得到改善。以色列由于这次极大程度上消灭了哈马斯的有生力量和基础设施，哈马斯几乎不再具备对以色列再次发动连续袭击的能力和胆量。至于伊朗、叙利亚之类的国家，虽然非常仇视以色列，由于能力和地缘关系，不能形成直接威胁。同时，由于哈马斯的背后是伊朗和叙利亚，哈马斯武器和经费的主要来源就是伊朗，重创哈马斯也等于削弱了伊朗和叙利亚的势力。这样，以色列周边的、直接的、眼前的安全威胁将基本消除，以色列整个国家的安全环境将会得到很大改善。

战术上，军事打击收效显著。为其22天的大规模军事打击，不仅哈马斯包括办公设施、军事设施、武器加工设施、储存设施等等基础设施绝大多数已经被摧毁，而且包括高级领导人尼扎尔·拉扬、内政部长赛义德·西亚姆、安全部门负责人萨拉赫·阿布·什拉赫和其武装组织领导人穆罕默德·瓦特法赫、警察总部司令官陶菲克·贾比克在内的多名高级领导人相继被以军轰炸致死，由此可见哈马斯有生力量死伤之严重。以军还采取三面合围、中间隔断、立体打击的战术，控制了加沙大部地区。使哈马斯处于非常被动、接近崩溃的地步，这也是哈马斯不得不软化和接受斡旋和谈判的根本原因。总之，以军的军事行动为政治和外交赢得了主动权。

与收获相比，以色列的损失微乎其微：

国内遭受人员财产损失：10多人死亡，70多人受伤，部分建筑损毁，消耗了人力财力物力。

遭受国际社会道德谴责：世界多个国家发起了抗议示威，联合国等国际社会领导人口头谴责伤及无辜平民百姓。联合国有关组织要求调查以军的战争罪行。

外交关系受到一定影响：委内瑞拉、玻利维亚宣布与其断交，与叙利亚的和谈进程终止。与穆斯林民众的仇恨敌对加剧。

对以色列而言，这些都是次要的，最值得担忧的是：加沙地区的百姓到底会如何让看待家破人亡的根源？是迁怒于哈马斯还是归根于以色列？对以色列的仇恨种子，会不会生根、发芽？会开出怎样的花？结出什么样的果？也许，面对现实，百姓只能承受，就像2006年的黎以战争一样，那些在战争中遭受家破人亡的人们，只能默默地重建家园，开始新的和平生活。

第四节　形势展望

"铸铅"行动虽然结束了，但两国之间的问题还远没有解决。或者说，武力并不是解决两国问题的最佳途径，以色列虽然赢得了一时，但赢不了一世，事实上，巴以冲突不可能完全用军事手段解决。哈马斯被实施了"外科手术"，但组织仍在，与外界的联系也未被切断；况且，哈马斯一直坚持抵抗，比法塔赫更能赢得民心。因此，两国之间的未来仍然充满着坎坷与荆棘，下述许多棘手的问题如果得不到解决，将直接影响彼此的冲突格局：

领土问题。这是引发阿以冲突的主要原因之一，也是解决阿以冲突无法回避的核心问题。

水资源问题。众所周知，中东地区水贵如油，随着社会经济的发展缺水问题更是日趋严重，今后如何合理地分配和开发利用水资源将成为阿以冲突有关各方十分关注的问题。

耶路撒冷问题。古老的耶城是犹太教、基督教和伊斯兰教的圣地。由于耶路撒冷在世界主要宗教中的重要地位，其最终地位的确定不仅涉及以、巴关系，也将是犹太教徒和数亿穆斯林极为

关注的敏感问题。

难民问题。由于以色列国的建立和其后爆发的几次中东战争的影响，使数百万巴勒斯坦阿拉伯人流离失所、沦为难民。随着阿以冲突的长期化，巴勒斯坦难民问题也日趋严重：难民数量逐渐增加，生存条件进一步恶化。

总之，任何问题的解决，如果把希望寄托在战争上面，必将是一条死路，因为战争只会带来循环往复的战争与彼此共同增加的仇恨，正如犹太古训："爱使死者复活，恨使活人致死。"犹太影星道格拉斯在捐建耶路撒冷哭墙边和平公园时说："看来，我们这一代人没有学会宽容。"因此，我们衷心希望阿拉法特的那句名言能够为化解两国之间的恩怨打开一扇生命之门：我带着橄榄枝和自由战士的枪来到这里，请不要让橄榄枝从我手中落下。

第七章　钓鱼岛风云再起

钓鱼诸岛位于中国台湾省基隆市东北约92海里的东海海域，是台湾省的附属岛屿，主要由钓鱼岛、黄尾屿、赤尾屿、南小岛和北小岛及一些礁石组成。钓鱼诸岛总面积是6.3平方千米。在这些岛屿当中，钓鱼岛的面积最大，4.3平方千米，海拔大约是362米，钓鱼岛上长期无人居住，在中国的历史上也叫钓鱼台，这个钓鱼台列岛也叫钓鱼岛列岛。

第一节　钓鱼岛问题的由来

钓鱼岛历来是我国的领土

钓鱼诸岛自古以来就是中国的领土，它和台湾一样是中国领土不可分割的一部分。中国对钓鱼诸岛及其附近海域拥有无可争辩的主权。我国的这一立场有充分的历史和法律依据。

早在明朝初期，钓鱼诸岛就已明确为中国领土，明、清两朝均将钓鱼诸岛划为我国海防管辖范围之内，并非"无主地"。日本所谓称钓鱼岛属其冲绳县管辖，但日本的冲绳县在距今约125年前曾是独立的琉球国。在1871年日本吞并琉球国之前，中国曾与琉球国有过约500年的友好交往史，最先发现并命名了钓鱼岛等岛屿。在明朝永乐元年（1403）的《顺风相送》一书中就有关于"钓鱼屿"的记载。中国从明太祖开始向琉球派遣册封使，即

第七章　钓鱼岛风云再起

专门代表当时中国政府册封琉球王的使节。1562年明朝浙江提督胡宗宪编纂的《筹海图编》一书中的"沿海山沙图",标明了中国福建省罗源县、宁德县沿海各岛,其中就有"钓鱼屿"、"黄尾山"和"赤屿"等岛屿。

日本最早有钓鱼岛记载的书面材料是1785年林子平所著《三国通览图说》的附图"琉球三省并三十六岛之图"。然而,他也是以中国清朝康熙册封使徐葆光的《中山传信录》为依据的,该图也是采用中国的"钓鱼台"为岛名,并将钓鱼岛和中国福建、浙江用同一淡红颜色标出。1719年日本学者新井君美所著《南岛志》一书中提到琉球所辖36岛,其中并无钓鱼岛。1875年出版的《府县改正大日本全图》中也无钓鱼岛。甚至到1879年,中国清朝北洋大臣李鸿章与日本就琉球归属谈判时,中日双方仍确认,琉球是由36岛组成的,其中根本不包括钓鱼岛等岛屿。

1895年4月,中国清政府因在甲午战争中失败而被迫与日本签订丧权辱国的《马关条约》,把台湾全岛及其所有附属各岛屿和澎湖列岛割让给日本,这以后在日本才有了"尖阁列岛"(即钓鱼岛等岛屿)之说,而在此之前,日本的地图一直是用中国的名称标定的钓鱼岛列岛。

1943年12月中、美、英发表的《开罗宣言》规定,日本将所窃取于中国的包括东北、台湾、澎湖列岛等在内的土地归还中国。1945年的《波茨坦公告》规定:"开罗宣言之条件必将实施。"同年8月,日本接受《波茨坦公告》宣布无条件投降,这就意味着日本将台湾,包括其附属的钓鱼诸岛归还中国。

但1951年9月8日,日本却同美国签订了片面的《旧金山和约》,将钓鱼诸岛连同日本冲绳交由美国托管。对此,周恩来

总理兼外长代表中国政府郑重声明，指出《旧金山和约》是没有中华人民共和国参加的对日单独和约，不仅不是全面的和约，而且完全不是真正的和约。中国政府认为是非法的，无效的，因而是绝对不能承认的。此后，中国政府在1958年发表的关于领海声明中宣布，日本归还所窃取的中国领土的规定"适用于中华人民共和国的一切领土，包括台湾及其周围岛屿"。在钓鱼岛列岛连同冲绳交由美国托管之后，美军控制了钓鱼岛列岛，并将其作为射击场。

1971年6月17日，日美签订"归还冲绳协定"时，这些岛屿也被划入"归还区域"，交给日本。对此，我国外交部于1971年12月30日发表声明，强烈谴责美日两国政府公然把我钓鱼诸岛划入"归还领域"，严正指出"这是对中国领土主权明目张胆的侵犯。中国人民绝对不能容忍"。"美日两国在'归还'冲绳协定中，把我国钓鱼岛等岛屿列入'归还区域'，完全是非法的，这丝毫不能改变中华人民共和国对钓鱼岛等岛屿的领土主权"。其后，美国国务院发言人表示，"归还冲绳的施政权，对尖阁列岛（即我钓鱼岛）的主权问题不发生任何影响"。

1972年5月15日，美国将琉球主权移交日本时，一并将钓鱼台列屿的行政管辖权也交给日本。目前该岛实际由日本控制，被划为冲绳县石垣市，日文名称"鱼钓岛"；针对日本的行径，中国大陆及台湾对钓鱼台列岛声张主权，自1970年代开始，华人组织的民间团体曾多次登岛或试图登岛以具体行动宣示主权，称为"保钓运动"。

总之，无论从发现占有权，还是从《开罗宣言》、《波茨坦公告》及20世纪60年代以来生效的《大陆架公约》、《海洋法公约》来看，中国对钓鱼岛的主权都是公认的和无可争辩的。

钓鱼岛巨大的战略价值

1. 巨大的经济价值

钓鱼岛列岛及其周围海域具有巨大的经济开发价值。1966年联合国亚洲及远东经济委员会经过对包括钓鱼岛列岛在内的我国东部海底资源的勘查,得出东海大陆架可能是世界上最丰富的油田之一,钓鱼岛附近水域可能成为"第二个中东"的结论。据资料统计,目前全世界已开发的石油资源,主要是从新生代第三纪(6500万年~200万年前)形成的岩层中发现的。钓鱼岛列岛的海底是新生代第三纪的沉积盆地,具有理想的生成和储藏石油的地质构造条件。据我国有关科学家1982年估计,钓鱼岛周围海域的石油储量约30亿~70亿吨(亦有材料说,该海域海底石油储量约为800亿桶,超过100亿吨)。钓鱼岛周围海域的渔业资源也十分丰富,盛产飞花鱼等多种鱼类。长期以来,我国台湾等地渔民经常到这里从事捕捞活动,年可捕量高达15万吨。

按照1992年《联合国海洋法公约》规定,钓鱼列屿海域拥有74万平方千米的"海洋经济专属区",这几乎相当于中国与东南亚各国在南沙群岛领土领海争执的总和。如果日本窃土成功,日本人就获得一个大陆架,他们会进而要求200海里的经济专属区,那样中国就远远说不上是一个海洋大国了。

以钓鱼岛为基础,日本才可以与中国分划东海大陆架,将至少攫取东中国海油气资源的一半。

2. 巨大的地缘价值

钓鱼岛群岛在海洋划界中将起着至关重要的作用。众所周知,《联合国海洋法公约》的批准生效,将不可避免地使各国在划分

管辖海域时出现一些重叠和矛盾。按《公约》规定，两国如按中间线划分，那么钓鱼岛主权归属哪一方将极大地影响大陆架的划分。如果日本占有钓鱼岛，并以此为基础划分东海的专属经济区范围，那么日本将多占7万~20万平方千米海域。日海洋产业研究会编著的《迈向海洋开发利用新世纪》一书中，公然将一些位置重要、有主权争议的岛屿，作为"扩大与俄罗斯、朝鲜、韩国、中国等邻国海洋经济区间的边界起到重要作用"的关键所在。日本一些官员曾透露：日本如果失去钓鱼岛和北方四岛，日本管辖海域将减少110万平方千米以上。

3. 巨大的军事价值

在地缘政治上，钓鱼列屿位于台湾和冲绳之间，处于西太平洋第一岛链一线，是外海进入中国的跳板，也是防止中国海军向太平洋纵深地区进出的屏障。如果日本完全控制了该海域，不仅中国海军被扼住了咽喉，而且使其获得进攻中国一理想前进基地。

现代高速战机和导弹的发展，越来越有利于发动进攻的一方，而防守一方则极易陷于被动，防不胜防。因此，尽可能的扩大防御纵深和空间就具有越来越重大的军事战略意义。

日本由于内陆任何地方距海岸都不超过120千米，其防御纵深十分有限，战时易受来自空中与海上各个方向的袭击。日本占领和控制钓鱼岛可以将其所谓防卫范围从冲绳向西推远300多千米，而我方的防御纵深却一下子缩短了300多千米，使我东部沿海以及台湾地区直接暴露在日（美）近距离的监视侦察和空中打击的威胁之下，战时则大大减少了防敌突袭的宝贵的反映准备时间。

另一方面，设在钓鱼岛的敌军事基地，将使我在台湾方向的军事行动受到极大威胁和牵制，敌可从钓鱼岛及其附近海域对我海上运动之攻台部队，或正登陆台岛及已在台部队进行空中和海

上打击，侦察监视更是无处不在。从而大大增加了我解决台湾问题的难度。

日本方面正是认识到了上述军事价值，所以早在70年代就将钓鱼岛及其附近海域划入其警戒范围，并将钓鱼岛列入了日本的军事控制圈内。

日本著名军事评论家小山内宏所指出，钓鱼岛既适合建立电子警戒装置，也可设置导弹。其实还不仅止此，日本现已在岛上建有直升机场，这意味着其必在此建立一个本土以外的军事基地，而这毫无疑问是对我产生重大威胁的一种结局。

这样，处在台湾东北120海里，介于琉球群岛和我大陆及台湾省之间的小小钓鱼岛，其今后的军事价值必会越来越大，足以令世人瞠目。在战略意义上，该列岛可以为日本利用，作为其阻我统一、再次侵略威胁我东部沿海和台湾地区的桥梁或前进基地；也可以成为我保卫国家东海方向安全、遏制日本扩张势力南下的前哨，及跨出第一岛链的桥头堡。

从上述的分析可以得出这样的一个结论，钓鱼岛的战略价值非常巨大。它不仅在于岛屿本身7平方千米的主权标志，而且在于其巨大的经济与军事价值。正如鞠德源教授所说，"怎么评价钓鱼岛的重要性都不为过"。因此，无论从经济发展的角度，还是从国防安全的角度，我们都必须保卫钓鱼岛的主权所有，绝不能容许日本的染指和霸占合法化，此乃国家根本利益的必然要求。

第二节　日本占岛的动机

随着国际环境和日本国内政治的发展，日本对钓鱼岛的政策发生了变化。日本在中日原有共识与默契的基础上后退，甚至否

认中日领导人有过搁置争议的共识，日本领导人多次公开表示，钓鱼岛是日本"固有领土"，甚至说，中日之间已不存在领土问题，"对日本来说，领土问题仅指北方领土问题和竹岛问题"。在这种观点的支配下，日本在钓鱼岛问题上不断采取强硬姿态，表现出不肯妥协的立场，致使钓鱼岛问题复杂化。

强化对钓鱼岛的控制

20世纪70年代末以后，日本不断有右翼团体和个人登上钓鱼岛活动，显示日本对钓鱼岛的实际控制，企图造成日本占领的既成事实，迫使中国接受日本的主权要求。1979年5、6月间日本在钓鱼岛修建临时直升机场，1981年7月日本派出调查团和测量船对钓鱼岛周围渔场进行调查，1988年8月日本右翼团体"日本青年社"到钓鱼岛设立了灯塔。

冷战结束后日本右翼挑衅活动增加。1996年7月14日和9月9日，"日本青年社"两次登上钓鱼岛设置灯塔，并试图让灯塔列于海图，同年8月日本另一右翼团体"尖阁列岛防卫协会"悍然在岛上竖起一块长3米、宽2米画有太阳旗的木制牌子，以显示钓鱼岛为日本所有。更有甚者，1998年5月日本众议员西村真悟悍

日右翼分子修理钓鱼岛灯塔

第七章　钓鱼岛风云再起

然窜到岛上，进行所谓"行政考察"和"慰灵祭"活动。1999年9月5日，3名日本右翼分子登上钓鱼岛更换灯塔电池，2000年4月20日右翼分子在钓鱼岛上建了一座神社。2003年8月又有右翼分子登上钓鱼岛。

日本政府对右翼组织和个人在钓鱼岛的活动采取默许、纵容甚至包庇的态度，对中国政府的抗议以各种借口予以搪塞和敷衍。日本前防卫厅长官木尾山静六称，（右翼的活动）"不违反国内法律，故难以在法律上和政治上对他们采取措施"，"政府不具有必须阻止民间在自己所占地方行动的权限和职能"。日本前首相桥本龙太郎的回答更是奸猾："法治国家有其法令上的规范，有能够作的，也有不能作的，这一点希望中国能够理解。"日本政府虽承诺不参与不支持右翼的行动，但迄今拒绝拆除右翼建立的灯塔和非法建筑。

相反，日本不允许中国渔船和科学考察船在钓鱼岛附近水域正常作业，对中国民间保钓活动更是加以阻拦。中国船只只要越过东海海域的中间线即遭到日本的严密跟踪和监视。据报道日本海上自卫队的P-3C巡逻机每天9小时活动，监视中国在东海海域的石油开采和中国海军和海洋调查船的活动。

P-3C反潜侦察机

1996年9月6日日本外务省向中国提出要求："中国在日本领海和专属经济区内开展调查活动，有必要征得日本的同意。"桥本龙太郎首相曾向海上保安厅、警察厅发出"指示"，让它们对"不测事态"进行研究，并做好准备。日本决定，要加强钓鱼岛附近海域的警戒，如果有人强行接近和登上钓鱼岛，日方就"用实力去排除"。

2000年4月20日，日本右翼团体"日本青年社"在钓鱼岛上建立了一座小神社，意在寻衅，破坏中日关系。据报道，这个神社半米高，0.35米宽，采用白木建造。右翼分子称，建神社的目的之一是"祭祀战争期间在岛上饿死的居民"，并计划定期参拜。

2004年3月中国保钓人员登上钓鱼岛后，日方同样使用强力将中方7人扣押并送至冲绳那霸，随后日本海上保安厅出动大批船舶在钓鱼岛附近海域巡逻，并扩大封锁圈，日本巡逻船甚至出现在我国台湾外海距离彭佳屿23海里处。

2004年3月30日日本众议院安全保障委员会通过"有关保全日本领土"决议案，要求政府加强对钓鱼岛的警备，从而进一步强化对钓鱼岛的实际控制。

向中国施加政治经济压力

1992年2月中国全国人大常委会通过《中华人民共和国领海及毗连区法》，其中写明"台湾及其包括钓鱼岛在内的附属岛屿"为中国领土，日本对此反应强烈。日本首相宫泽喜一要求中国"在领海法中删除有关钓鱼岛的条文"。对于日本的无理要求中国理所当然地予以拒绝。然而这件事并没有了结，日本国内有人试图将此事与当年日本天皇访华联系起来。

2000年3月开始，以《产经新闻》为首的日本舆论界掀起一股非难、攻击中国海洋调查船在钓鱼岛周围海域活动的浪潮。时任自民党外交部会长的盐崎恭久还带头发难，以中国海洋调查船进入日本近海活动为由，强行搁置日本政府预定向中国提供的172亿日元特别贷款'，在对华经济援助中再度实施了附加政治条件的做法。

试图与美国联手对付中国

美国曾经表示20世纪70年代对包括钓鱼岛在内的冲绳行政权的移交，并不表明美国支持日本对钓鱼岛拥有主权，认为钓鱼岛主权归属问题应由中日两国谈判解决，而且美国一直坚持美日安保条约的范围不包括钓鱼岛。1996年10月3日美国驻日大使蒙代尔还对记者说：日美安全保障条约不适用于尖阁群岛（钓鱼岛）。

日本却极力将美国拉入钓鱼岛问题中来。特别是1996年《日美安全保障联合宣言》发表和1997年《新日美防卫合作指针》制定以后，日本要求美国将防卫承诺扩大到钓鱼岛，并把这一点当作检验美国防卫承诺可靠性的"石蕊试纸"。在这种情况下，美国的政策至少在口头上发生了变化。2001年12月12日美国助理国务卿福特表示："钓鱼岛一旦受到攻击，美国有可能对日本提供支持。"由于美国在东亚部署导弹防御系统问题上需要日本的合作，日本便把美国在钓鱼岛问题上支持日本与日本参加导弹防御系统相挂钩。2003年1月日美在政治军事磋商中就美国在钓鱼岛驻军达成共识。2004年3月23日美国国务院副发言人艾利里在回答记者提问时说："日美安保条约适用于尖阁群岛。"如果美国公开介入钓鱼岛问题，并形成美日联手对我之势，钓鱼岛问题势必更趋复杂化。

第三节　钓鱼岛风起云涌

民间保钓斗争

翻开中日民间保钓之争，1996年9月26日"保钓号"到达钓鱼岛，香港保钓领袖陈毓祥率领五位突击队员穿上救生衣，跃身入海游向钓鱼台，因脚部被绳索缠绕，溺水身亡，成为海峡两岸第一位在钓鱼岛殉难的保钓人士。陈毓祥死后，香港数千人进行了祭奠活动。

2003年10月9日，由中国大陆、香港和台湾的民间人士共同组织的出海保钓船，在前往钓鱼岛途中遭到日本多艘军舰的拦截，保钓人士几经努力之后不得不于20时15分返航。返航点距离钓鱼岛仅百米，这是海峡两岸首次共同保钓。

2004年3月24日，7名中国公民登上了属于中国领土的钓鱼岛，却遭到日本方面的非法扣留，在被非法扣留期间还受到非人道待遇。多年来，日本一而再，再而三地侵犯我钓鱼岛主权，此次事件，不仅是对中国领土主权的严重侵犯，也是对中国公民人权的严重侵犯。中国政府有关部门经过反复交涉，日本方面终于在3月26日晚放还了被其非法扣留的7名中国公民。中国外交部发言人孔泉指出，钓鱼岛及其附属岛屿自古以来是中国

保钓英雄陈毓祥

的固有领土，无论在历史上还是法律上中国都对这些岛屿拥有无可争辩的主权。

台湾"全家福"保钓船搭载着保钓人士前往钓鱼岛宣示"主权"

2008年6月10日上午，日本海上保安厅一艘巡逻艇在钓鱼岛近海与一艘台湾渔船相撞，并导致该渔船沉没。外交部发言人秦刚10日在外交部例行记者会上答问时说，中国对日本海上保安厅船只与中国台湾渔船在钓鱼岛近海相撞表示严重关切和强烈不满。与此同时，日本右翼分子也多次进行非法登陆钓鱼岛行动，并公然侵占中国领土。

中国海监编队钓鱼岛巡航

2008年12月8日，中国海监船只进入了钓鱼岛领海活动，日本媒体一片哗然，日方向中方提出抗议，钓鱼岛再次成为中日两国的焦点。

这天中国两艘海巡船"海监46"号和"海监51"号进入钓鱼岛海域，这是中国政府自中日钓鱼岛问题几十年来，首次官方

派出船只巡视钓鱼岛,并成功进入钓鱼岛12海里区域,这也是中国国旗首次飘扬在钓鱼岛海域。此事件引起日本官方及媒体强烈抗议;日本国内的右翼及反华团体,对中国进行大肆攻击。而中国外交部立即就此事件召开新闻发布会,前所未有的表明在钓鱼岛主权问题上的强硬立场。中国海监船巡视钓鱼岛的行动,得到了海峡两岸及华人的支持。此次12月8日的海监维权巡航行动,与6月16日台湾"海巡署"抵近钓鱼岛的行动可谓遥相呼应,海峡两岸共同维护钓鱼岛主权的提议,成为现实。

中国海监部门的海巡船巡视东海海域

据日本《读卖新闻》报道,当地时间8日上午8时10分,日本海上保安厅第11管区"知床"级"国头"号巡视船在钓鱼岛东南约6千米的海域发现了这两艘中国海监船。9时40分左右,"海监46"号和"海监51"号在钓鱼岛东北17千米海域停泊约一个小时,随后开始环绕钓鱼岛顺时针方向环行,最近处距离钓鱼岛约1海里。

对于中国海监编队的巡航行动,日本海上保安厅巡视船通过

第七章 钓鱼岛风云再起

无线电反复用汉语发出离开"日本领海"的"指令",并进行跟踪拍照,而中国船不予理睬,直接开进钓鱼岛12海里;一直到当地时间17时20分和30分,"海监46"号和"海监51"号离开钓鱼岛海域。

中国海监海上执法船队

据了解,日方巡视船曾摆出"挤压"、"碰撞"的姿势,并试图干扰中方航线,但最终迫于中方海监执法船的压力,放弃了可能的对峙和干扰行动。相比6月份台湾当局进行的保钓活动,日本却出去大批舰船及空军,进行全面的阻挠,致使台湾9艘巡视船未能进入钓鱼岛12海里。可以看出中国大陆将是未来保钓的重要力量,两岸合力保钓是未来收回钓鱼岛主权的发展方向。

日本妄图长期霸占钓鱼岛

日本针对中国海监"12·8"行动,采取了一系列措施,加大对钓鱼岛的控制,妄图长期占领钓鱼岛。

天平的砝码：当今世界军事热点

1. 日本暗订出兵数万军事占领钓鱼岛计划

据日本媒体报道，为防范大陆和台湾在钓鱼岛问题上可能采取的任何措施，日本自卫队已做好了相应的预案和准备。根据日本自卫队"西南岛屿防御计划"，一旦包括钓鱼岛在内的西南岛屿"有事"，日本将迅速启动三阶段作战方案，自卫队除出动战斗机和驱逐舰外，还将派遣多达5.5万人的陆上自卫队和特种部队参战。

日本陆上自卫队士兵进行作战演练

据日本《产经新闻》2009年2月4日报道，日本海上保安厅已经在中国钓鱼岛海域常驻了可搭载直升机的PLH型巡视船。日本首次派新型巡视船常驻，目的是"防范中国海洋调查船的入侵"。此次将海上保安厅PLH型巡视船常驻钓鱼岛海域，是因为常规巡视船无法进入钓鱼岛海域的一些死角。钓鱼诸岛的东南海

第七章 钓鱼岛风云再起

域、钓鱼岛的周边水面因为通道狭窄，常规巡视船无法进入。PLH型巡视船为日本海上保安厅专门设计的大型多用途巡视舰，该型舰长105米、宽15米，搭载直升机1架，满载排水量达到3200吨，与中国海军护卫舰吨位相当，并具有与之抗衡的实力。PLH型巡视舰装备有数门30毫米、20毫米速射击炮，火力远远超过周边国家的类似海上执法船。此前，日本海上保安厅一般仅在重大任务时出动PLH型巡视舰，使用该型舰在钓鱼岛海域实施常态巡逻尚属首次。对于日本此举，中国外交部发言人姜瑜对此表示，"日方任何加强对该岛实际控制的举动都是对中国领土主权的侵犯，是非法和无效的，应立即停止"。然而，日本加强控制钓鱼岛，使得中国船只很难再靠近，中国将来的维权行动面临严峻挑战。

日本首次向中国钓鱼岛海域派遣常驻PLH型巡视船

2009年7月15日，日本海上保安厅长官岩崎贞二透露，将从2010年起再建造1艘排水量达6500吨的大型巡逻舰。目前日本现役此级别的巡逻船只有"敷岛"号一艘，而拟建的2号舰，

天平的砝码：当今世界军事热点

PLH 型巡视船可以搭载直升机，具备更高的机动性，可以维持比以前更高的警备能力

预计将历时 4 年，耗资高达 350 亿日元（约合 25.5 亿元人民币）。专家指出，日本的主要目的，就是加强钓鱼岛海域的警戒巡逻力度，以图谋长期霸占中国的钓鱼岛。"敷岛"号于 1992 年建成服役，当初建造的目的，是为了给日本运送钚燃料的船只进行护航，目前附属于日本海上保安厅第三管区横滨基地。它是世界上最大、性能最先进的巡逻船，全长 150 米，宽 16.5 米，吃水 9 米，标准排水量 6500 吨，相当于一艘驱逐舰。它采用全柴油动力，动力系统较好，因而具有超长的续航能力，在 18 海里/节的航速下可航行 2 万海里，与日本最先进的"金刚"级导弹驱逐舰差不多，是日本进行远程警戒和前往东南亚执行任务的"常客"。该舰电子设备先进，配有对空搜索的 OPS14 雷达、对海和对低空搜索的 JMA1576 雷达、JMA1596 导航雷达以及 ORN-6 战术空中导航系统，具有极为强大的海上巡逻、警戒和救援能力，可以对超过日本 200 海里专属经济区外的广阔海域进行巡视。另外，该舰的火力配置也很强，主战武器包括 2 座 35 毫米双联装机关炮及 2 座 20 毫米多联装机关炮，舰上还设有大型直升机机

库，配备 2 架来自法国的"超级美洲豹 AS332L1 型"多用途直升机，如果再辅之以大口径炮弹和导弹，则其战斗力跟驱逐舰没什么两样。

2. 加强武力监控钓鱼岛

2008 年 12 月 8 日中国海监总队"海监 46"号、"海监 51"号编队进入钓鱼岛 12 海里实施巡航后，日本海上保安厅将每日在钓鱼岛附近海域的巡视船数量由 2 艘提高到 3 艘。同时，日本海上保安厅对钓鱼岛"警备体制"的范围和重点也进行了调整。此前，海上保安厅将钓鱼岛周围划分为三个巡逻区域，距钓鱼岛 12 海里范围内为"绝对禁止区"，12～24 海里为"严格监控区"，24 海里以外为"警戒监视区"。整个"警备体制"的核心是阻止大陆及台湾民间船只接近钓鱼岛，对进入钓鱼岛 12 海里的中国渔船和"保钓"船只采用撞击、高压水枪喷射等方式予以暴力驱离。而对于钓鱼岛周围海域的中国军舰及公务船只，海上保安厅通常只是采取尾随监视等方式进行目标识别和监控。中国海监"12·8"行动后，日本海上保安厅对钓鱼岛"警备体制"进行了深刻"检讨"，认为必须进一步提升对中方公务船只的警惕。在具体措施上，除投入 PLH 大型巡视舰参与钓鱼岛海域巡航外，还将加强与海上自卫队的情报交换和联系，加大平时对东海海域中国公务船只的监控力度。海上保安厅在钓鱼岛海域实施强制行动的相关预案也进行了调整。

3. 日本在钓鱼岛频频出招

2009 年以来，日本在钓鱼岛动作频频，7 月初，日本还宣布，将向靠近钓鱼岛附近的与那国岛派兵，并以此作为巡逻基地，意图把对钓鱼岛的军事控制，从冲绳本岛那霸基地再向前推进约 500 千米。

天平的砝码：当今世界军事热点

日本海上保安厅"敷岛"级巡逻舰在东海活动

此外，最近日本舆论还不断渲染"中国威胁论"，在7月17日公布的2009年版《防卫白皮书》中，日本特别关注中国的远洋作战行动以及在日本近海的活动，认为"这是中国欲进军太平洋的表现。尤其是去年开始，相关活动越发频繁，而今后可能会进一步扩大"。鼓吹要对"中国扩军路线表示高度警惕"。

美国承认钓鱼岛主权归属日本

日本《产经新闻》2009年7月17日报道说，美国参院外交委员会的亚太小组委员会在当地时间15日召开有关亚洲海洋领土纷争的听证会，担任主席的韦柏在会议发表声明，批评中国在南海和东海的领土主张，指出美国承认日本对钓鱼岛的领土主权。

美国向来在表面上对中日之间领土争端问题采取"不介入"的态度，对钓鱼岛的归属问题也是如此，不过美国一位参议员打破这种"模糊"的惯例，明确表示美国事实上已经承认钓鱼岛是

日本领土，公然挑衅中国对钓鱼岛的领土主权。

报道称，美国政府迄今带给外界很强的印象是，对他国的领土争议基本上采取中立的态度，近年来美国政府虽承认美日安保条约适用于钓鱼岛，但避开明言钓鱼岛的归属主权。一名美国专家在听证会支持韦柏看法指出，美国国务院迄今虽基于不介入一般领土争议的基本立场而避开明言钓鱼岛问题，但美国把冲绳归还给日本时曾一并归还钓鱼岛，情况特别。

自上个世纪70年代，由于保钓运动风起云涌，美国被迫收回了其立场，承认日本对钓鱼岛并不拥有主权。但有消息显示，后来美国曾私下承认日本对钓鱼岛的主权，这直接导致了日本制定周密计划以大规模开发钓鱼岛。华盛顿不仅对日本发展这一计划表示首肯，而且还亲自为东京拟定了若干方案，以加强日本对钓鱼岛的主权宣示，其中还包括向钓鱼岛派驻美军。近年来，在中国与海上邻国的争议背后，美国的身影出现得越来越多。在钓鱼岛问题上，美国不满足于已在冲绳驻军，还准备把军事力量延伸到钓鱼岛，既干扰中国维护钓鱼岛的主权，又构建其西太平洋军事"岛屿锁链"更为紧密的一环，对台湾海峡施压。

第四节　中方对钓鱼岛的立场

以2009年2月4日日本纠集军事力量妄图长期非法占据中国拥有主权的领土钓鱼岛区域为标志，日本政府已经造成对中国主权和领土非法军事侵占的事实，中国政府将誓死捍卫钓鱼岛主权。

中国政府从中日建交后就多次发表声明，重申对钓鱼岛主权拥有无可辩驳的所有权。如果日本政府继续采取强硬手段侵占钓鱼岛，中国政府将誓死捍卫钓鱼岛主权。中国改革开放以来，国力不断增强，已经逐步进入世界强国之列，中国人不可能再容忍第二次的"九一八事件"。中国主权不可欺，中国人民不可辱。

第八章　恐怖主义愈演愈烈

近年来，此起彼伏、愈演愈烈的恐怖主义袭击，是国际最为关注的热点之一。从 2001 年 9 月以袭击纽约的"9·11 事件"，到 2008 年 11 月 26 日，印度孟买连环恐怖袭击事件，再到 2009 年 8 月 19 日巴格达恐怖袭击事件，加上每年其他各类大大小小的恐怖袭击事件，全球范围的各种恐怖主义活动，不仅没有随着打击力度的加强而消失，反而令人惊恐、超乎想象地不断增加。恐怖主义威胁的明显上升，国际反恐斗争呈严峻复杂趋势，给我们带来深深的惶恐。

第一节　恐怖主义的渊源

恐怖主义的由来

恐怖主义作为人类冲突的一种表现形式并非近现代才出现，古已有之。中国古代的荆轲刺秦王以及古罗马的凯撒大帝的遇刺都是非常典型的恐怖事件，它们都具有明显的政治性。"恐怖主义"一词最早可追溯到 18 世纪法国大革命时期，当时，失去了政权的反革命分子为恢复封建旧秩序而大肆暗杀革命家，这种行为被称为"恐怖主义"。

可见，恐怖主义是指为了达到一定的目的，特别是政治目的而对他人的生命、自由、财产等使用强迫手段，引起如暴力、

胁迫等造成社会恐怖的犯罪行为的总称。如果这种恐怖不限于一个国家,而是与两个以上国家有利害关系时,就成为国际恐怖主义。

恐怖行为有着悠久历史,但恐怖行为不等于恐怖主义。恐怖之成为主义,完全是由于它具有一些鲜明的现代特点:它有着明确的政治经济和社会目的,而不是图财害命或个人恩怨;行为有预谋,经过精心组织与策划,充分利用了现代计算理论的缜密和现代制度的效率;它拥有巨大的财源,是以利用一切高科技手段造成最大的恐怖效果;它不择手段,不受任何道德和法律的约束;所要袭击的对象是无力或无机会进行自我防卫者,并有意拿无辜百姓开刀,以恐怖手段使受害者屈服;恐怖分子属于秘密组织或"次国家团体"。

现代国际恐怖主义的发展大体分为3个阶段。

第一阶段是国际恐怖主义的萌生期。从18世纪末开始,资本主义国家内部、国家之间乃至其国家与殖民地、附属国之间的利益冲突日趋激化。于是,一些无政府主义者、民族主义者们,纷纷以恐怖主义行动来反抗整个资本主义体系和殖民入侵者。1881年沙皇亚历山大二世遇刺,1914年奥匈帝国斐迪南遇刺事件,就是对世界政治经济产生过极大影响的恐怖主义事件的代表。

第二阶段是国际恐怖主义的形成期。从二战结束到20世纪60年代末,国际恐怖主义真正形成了气候。此间,在两大阵营对峙、冷战的国际社会背景下,许多正在争取民族独立的殖民地、附属国或刚独立的民族国家,成了恐怖主义的热点。明显增多的劫机、爆炸和绑架等,已经是司空见惯的恐怖事件;恐怖活动袭击的目标和范围越来越具有国际性,其手段也日趋多样化、现代

化，从而酿就了国际恐怖主义活动的大爆发。

第三阶段是国际恐怖主义的猖獗期。进入20世纪90年代，恐怖主义活动的特点是：动机日益复杂化、行动跨国化、形式多元化、手段技术化、长远目标模糊化和短期意图残酷化等等。例如，由于有高素质科技人员加入到了恐怖组织中，恐怖分子必然会采用更多的高科技手段实施恐怖行动。许多迹象表明，恐怖分子的视线已经开始转向诸如核电站、能源基地、电脑网络等目标。

恐怖主义产生的根源

在当今，恐怖主义盛行并不偶然，从它的产生、发展到引人关注，与国际政治、经济和文化的发展等均有着复杂的关系。

首先，恐怖主义泛滥，是宗教冲突加剧的结果。冷战结束后，意识形态冲突让位于种族的与宗教的以文化价值为分界线的冲突，这种冲突是孕育国际恐怖主义的温床。在这几年中，影响最大的无疑是伊斯兰原教旨主义。伊斯兰原教旨主义又称"伊斯兰复兴运动"，是教斯兰教中一股极端保守的宗教势力。随着信息产业的发展，西方文化开始渗透进了一些穆斯林国家，诸如基督教等各种非伊斯兰的宗教的教义也得以进入这些穆斯林为主的国家；这时，那些极端的原教旨主义分子对此无法接受，他们极力反对非穆斯林文化的异端邪说，号召全面实现政治、经济以及社会生活的"伊斯兰化"。

其次，在许多国家不断存在着恐怖主义得以滋生的新土壤。在不少国家，贫富悬殊，社会不公，种族歧视，各种社会矛盾日益突出，加上经济的衰退以及失业等原因，许多年轻人希望与现实抗争而不断以恐怖事件来宣泄。

第三,许多民族矛盾并未获得很好的解决。在巴以之间,由于以色列新政府推行的是强硬的对巴路线,因而巴以之间的相互报复的事件层出不穷,这导致处于弱势群体的巴勒斯坦少数激进组织以自杀性恐怖事件来报复以军士兵的狂轰滥炸。在西班牙北部地区,由于巴斯克分离分子一直要求成立一个独立的国家,因而在未得到满足之后,屡屡制造诸如爆炸等恐怖事件。在斯里兰卡以及印尼,都存在着类似的情况。

最后,不能不提到,高科技的发展,现代科技知识的普及,也是新型恐怖活动产生的一个不可忽视的重要原因。自90年代以来,随着新科技革命的发展,恐怖分子也开始采取高科技手段来制造恐怖暴力事件,从而使人们更加难以防范。

第二节 当代恐怖主义的类型及特点

当代恐怖主义的类型

进入21世纪以来,网络化和信息化技术的发展以及高尖武器技术的扩散,使恐怖主义的国际化、破坏性和震撼性都达到了空前的程度。被美国等西方国家列为国际恐怖主义的"基地"组织,以世人意想不到的非常手段,于2001年9月11日对美国发起的突然袭击,无论从规模和强度,还是从毁伤效果和国际影响来看,都丝毫不亚于一场战争。这足以证明,当代国际恐怖主义已经发展成为一种危及国家安全乃至国际社会稳定的不可忽视的力量。

各国政府与地区性组织所列的恐怖主义组织名单各有区别,不尽相同,尽管种类繁多,但大体可分为4种基本类型,即民族

主义型恐怖主义、宗教极端型恐怖主义、极右型恐怖主义、极左型恐怖主义。

原始形态的民族主义恐怖活动可追溯到大约两千年以前，当代的民族主义型恐怖主义则出现在20世纪初期第一次世界大战前后。据不完全统计，目前世界上的恐怖组织约有1/3是民族主义恐怖组织。它们制造的恐怖活动不仅波及范围广，而且危害深，已成为国家安全与稳定乃至世界和平的重要威胁因素。

宗教极端型恐怖主义是带有明显宗教狂热色彩或打着宗教旗号的新兴教派和具有狂热性的膜拜团体，为了捍卫其所信奉宗教的神圣性与至高性，并实现其建立至纯的单一宗教制国家的企图，而主动采取的铲除"异己"和滥杀无辜的血腥残暴行为。它不仅历史悠久（已有近两千年的历史），而且是当代世界最普遍最严重的恐怖活动类型之一。据不完全统计，当今世界活跃的国际恐怖主义组织中，至少1/5～1/4具有宗教狂热性质，其发动的恐怖活动的比例甚至更高，而且其残忍性和破坏性随着其狂热性的增加而增加。

极右型恐怖主义是极右势力为了维护现状，阻止社会进步，针对左派政党与组织在社会广泛采取的恐怖破坏活动，20世纪60年代末期以后开始泛滥。由于该类型的恐怖主义既有明确的目标对象：犹太人、有色人种、外来移民以及政治要人与政府设施等，又有不确定的随意性目标对象：广大的无辜平民与普通公共设施，因而表现出很强的滥杀无辜之特点与制造恐怖气氛的能力。其典型代表是泛滥于欧美的极右恐怖组织，其中绝大多数都属于新纳粹组织，它们通过现代化的网络联为一体，频频制造恐怖事件。

极左型恐怖主义是激进的极左组织因对现行的社会政治制度极度不满，为了改变社会政治进程以至夺取政权，而采取的暗杀、爆炸等个人冒险恐怖活动与行为。

当代国际恐怖主义的主要特点

当代国际恐怖主义尽管种类不同，但它们都具有一些共同的特点。

第一，组织联系国际化。在世界变成"地球村"和"你中有我，我中有你"的同时，由于目标和对手的一致，当今世界上，不同的恐怖主义组织借助现代化的通信与网络技术，已结成广泛的"统一战线"，形成了一个松散的国际恐怖主义网络联盟，其国际化趋势越来越明显。他们相互勾结，协同行动，甚至多次召开秘密国际会议，互通情报，交流经验，制定合作与相互策应计划，并成立了"国际革命军"等国际性恐怖联盟。有关调查证明，"基地"组织与世界各地恐怖组织之间存在着一个相互勾连的国际性网络；一些专家指出，目前以"基地"组织为核心的国际恐怖组织网络分散在全球60多个国家。因此，随着各国恐怖主义组织的跨国合作日益紧密和跨国活动日益频繁，国际反恐斗争的形势变得越来越严峻。

第二，成员分子年轻化。随着世界进入后现代社会和信息化时代，贫富两极分化越来越加剧，社会越来越不稳定，生活节奏越来越加快，生理和心理压力越来越大，社会问题越来越多，矛盾和冲突越来越复杂。在此情况下，由于青年人阅历浅，世界观、人生观和价值观正处于形成之中，加之年少气盛，其本已心怀不满和怨恨的心理，一旦受到某种教义或学说的怂恿，就会化为铤而走险的行动而成为某个恐怖组织的忠实成员和骨干分子。从当

代国际恐怖主义组织的成员和骨干来看，其年龄大多低于30岁，最小的仅19岁，而且不乏青年女子。

第三，恐怖手段多样化。20世纪60年代以前，恐怖主义组织主要通过暗杀和绑架从事恐怖活动，手段较单一，受害者主要是少数个人，因而危害性也较小。60～70年代，劫机、袭击并占领大使馆成为新的恐怖手段，受害者已扩大为群体和国家的代表体，因而危害性增加，影响扩大。80年代以后，特别是冷战结束以来，随着现代科技和军事工业的发展以及各种武器技术的扩散，恐怖主义组织采取的恐怖手段和方式日趋多样化和残暴化，除了原有的手段外，还包括爆炸及自杀性爆炸、纵火、生化攻击、网络攻击、电磁攻击等，危害更加巨大，恐怖气氛更加浓厚，影响更加广泛。

第四，袭击目标扩大化。随着恐怖主义组织的国际化和恐怖手段的多样化，恐怖主义分子袭击的目标也呈现出日益扩大化的趋势，因为这样更有利于扩大其袭击的效果和影响。如果说20世纪60～80年代，恐怖袭击以外交和商业目标为主，同时也不放过军事和政府目标的话，那么90年代以后，其袭击的目标则进一步扩展到非官方和平民目标以及公共设施和标志性建筑等，外交官、军事人员、政府官员、警宪人员和广大的无辜平民以及跨国企业、商贸大厦、机场、输油管道、水上航线、无线电塔、雷达观察站乃至原子能发电站送电塔等都成了国际恐怖主义分子袭击的对象和目标。

第三节　各国反恐武装

对于形形色色的恐怖主义，世界各国都相应建立一支专业化

天平的砝码：当今世界军事热点

的具有极强战斗力的反恐怖特种部队。这里简要介绍一下几个主要国家的反恐怖武装。

俄罗斯"阿尔法小组"，它是前苏联于上世纪70年代为反恐而建立的。1973年，前苏联一架雅克–40型客机在伏努科沃机场遭到4名武装歹徒劫持，机上旅客全部被扣作人质，前苏联国家安全委员会和内务部联手采取紧急行动才救出了人质。这一事件在前苏联造成了不小震荡，也引起了国家领导层的高度重视。当时，前苏联正在全力准备1980年莫斯科奥运会。为预防慕尼黑奥运会以色列运动员被伊斯兰原教旨主义恐怖分子绑架后杀害的一幕重现，同时应付前苏联国内已经出现的恐怖主义苗头，前苏联领导人决定尽快建立一支受过良好训练、并可在国内外随时用于打击恐怖主义的特种部队。

俄罗斯"阿尔法"特种部队

德国边防警察第9大队（英文缩写为GSC），它是在1972

第八章　恐怖主义愈演愈烈

年恐怖分子特别猖獗的时期建立的。第9大队主要由6个中队和1个直升机联队组成，其中3个特种作战部队是整个反恐怖武装的主力。德国政府给这支反恐怖特种部队配备了最精良的武器装备并保证足够的财政资源，其通信设备和机动车辆都是德国最先进的。所有队员都是百里挑一，年龄一般都在25岁到27岁之间，身高1.8米以上的。初选之后，队员都必须接受严格的淘汰训练。成立20多年来，这支部队屡战屡捷，战功卓著。

德国第9边防大队

英国的反恐怖部队是"特别空勤团"（简称SAS），它的前身是英国在二次大战中屡立战功的"陆军特别空勤团"。1972年英国政府决定将其正式改为英国的反恐怖特种作战部队，对付日益猖獗的"爱尔兰共和军"及其他恐怖组织。这支部队大约有900人，总部设在伦敦西部的赫里福德。队员都是从空降兵中的伞兵中精心挑选的，都要接受长达3年的严格训练。

天平的砝码：当今世界军事热点

英国特别空勤团士兵

法国的反恐怖部队是"国家宪兵干涉组"（简称 GIGN）。据有关资料称，这支部队只有 50 名成员，十分精干，效率极高，机动性能高，快速反应能力强。全组被编为 4 个小组，每个小组约 12 人。遇到突发情况时，可以视情况分别或同时投入战斗。

美国的反恐怖部队最为庞大，由 4 支部队组成。其中最著名的和最精锐的是陆军的"三角洲"部队。它成立于 1978 年 2 月，是依照德国边防警察第 9 大队的样式建立的，总部设在北卡罗来纳州的布雷格堡监狱，全部队员的军衔都在中士以

法国特种部队士兵正在进行训练

上，被各界誉为"美国武装部队的精英"。在不少动荡地区工作的美国外交官一般都由这支部队暗中保护。1998年8月，美国驻东非使馆被炸后，三角洲部队迅速增加了在非洲各国使馆的警戒人数。

美军三角洲突击队

日本警察厅已在全国7个都、道、府、县正式组建了对付恐怖袭击和其他突发事件的特种部队，名为反恐怖特种"雄鹰"部队。这支部队的雏形即东京警视厅和大阪府警察本部特种部队。始建于1977年底，是模仿美国、联邦德国、英国等国家的特种部队建立的。这支部队的出现源于1977年9月日本赤军分子劫持了一架日本民航客机事件，日本政府在万般无奈的情况下向劫机恐怖分子屈服，采取"超法规措施"将正在狱中服刑的6名日本赤军分子释放，遭到国际社会的耻笑。这一事件促使日本政府决意要培养一批反恐怖突击力量。

天平的砝码：当今世界军事热点

日本"雄鹰"反恐部队

印度"黑猫"突击队。组建于1985年的"黑猫"突击队的正式名称是印度国家安全卫队，现有官兵7500人，分成两个小组——特种战小组和特种游骑兵小组，其中特种战小组人数略多一些，占总人数的54%。前者是国家安全卫队的精锐力量，其成员全部由陆军抽调，后者则从边境保安部队、中央后备警察部队、印中边境警察部队、快速反应部队等准军事部队中抽调。两者之间的关系明确且密切：特种游骑兵小组是特种战小组的支援。行动时，前者负责突袭，后者负责对目标的封锁和孤立。为了确保"黑猫"突击队充满青春活力，队员在"黑猫"突击队服役3~5年后往往就退回到原部队。

第八章　恐怖主义愈演愈烈

印度"黑猫"突击队员露真容

　　荷兰就有两支特种部队，一支是海军陆战队中的"反恐怖支队"，另一支是皇家陆军的"骑警队"。1977年荷兰的恐怖分子曾劫持一列火车上的人质，它们奉命发动突然袭击，一举击毙列车上的所有恐怖分子，成功地救出了人质。

　　意大利在1978年莫罗总理遇害后就成立了专门对付"红色旅"的反恐怖特种部队"宪兵突击队"，由于这支部队在战斗中常戴着头套，人们习惯上称之为"皮头套突击队"，形象地描绘了这个组织的行动特点。该组织人员精干，保密性强，其指挥官、部队番号及住址都严格保密。

天平的砝码：当今世界军事热点

意大利特种部队

以色列的反恐怖部队叫"边防警察特种作战大队"，成立于1974年，与情报机构"摩萨德"相互配合，屡获战功。

以色列"野小子"特种部队

而我国的武警"雪豹突击队"组建于2002年12月，是一支立足北京，面向全国的"国字号"反恐部队。几年来，部队按照"锻造国际一流反恐精兵"的目标和"精兵、精装、精训"的要求，强一流素质、练一流作风、建一流设施，全面叫响"首战用我，用我必胜"的口号，全力打造反恐尖刀和部队全面建设的样板，先后圆满完成处置突发事件和各种重大临时任务90余次，参加各类重大反恐军事演习、演练和对外表演10余次。

武警"雪豹突击队"装备滚筒式冲锋枪等先进武器

第四节　近年重大恐怖袭击事件

2001年9月11日，美国"9·11事件"。"基地"组织成员劫持3架民航客机、撞击美国纽约世贸中心和华盛顿五角大楼，第4架遭劫持的飞机中途坠毁，恐怖袭击造成3000多人丧生。

2002年10月13日，巴厘岛连环爆炸案。2002年10月

13日夜晚，印尼旅游胜地巴厘岛发生连环恐怖爆炸造成202人丧生，其中绝大部分是前来旅游的外国游客。印尼警察总监巴赫蒂亚尔称这次爆炸事件是该国历史上最严重的恐怖袭击事件。

2003年8月19日，联合国驻伊代表处爆炸案。2003年8月19日，联合国驻伊拉克办事处遭汽车炸弹袭击，造成至少24人死亡，100多人受伤。一周后，联合国安理会一致通过第1502号决议，要求加强世界各地联合国职员和其他人道救援人员的安全保障。

2004年2月6日，莫斯科地铁爆炸案。莫斯科市中心一地铁列车当地时间2月6日上班高峰时间发生爆炸，美国有线新闻网的消息称，至少40人在爆炸中死亡，数十人受伤。当地警方表示，这起爆炸可能为自杀袭击。

2004年3月11日，西班牙马德里爆炸事件。2004年3月11日，西班牙首都马德里中部的一个火车站发生爆炸，造成200人死亡，其中包括14个国家的43名外国人。警方锁定"摩洛哥战斗旅"为爆炸事件元凶。

2004年5月9日，车臣体育场爆炸案。俄罗斯车臣共和国首府格罗兹尼一座体育场2005年5月9日发生恐怖爆炸，造成30余人死亡，包括车臣总统艾哈迈德·卡德罗夫。

2004年9月1日，俄罗斯人质事件。2004年9月1日，俄北奥塞梯共和国别斯兰第一中学1000余名学生、家长和教师被恐怖分子劫为人质，造成335人死亡。参与劫持人质事件的一名绑匪供认，这次劫持人质事件是车臣非法武装重要头目马斯哈多夫和巴萨耶夫下达的命令。

2005年7月7日，伦敦地铁连环爆炸案。当地时间7日8时

49分（北京时间15时49分），伦敦发生多起地铁和公共汽车自杀式爆炸，警方已确认死亡人数为56名。有三个恐怖组织宣称对爆炸负责。

2005年7月23日，埃及发生连环爆炸案。埃及红海旅游胜地沙姆沙伊赫23日凌晨发生7次连环爆炸，90余人死亡，200余人受伤，是埃及将近20年来发生的最惨重的攻击事件，而这一天恰逢埃及国庆日。

2006年7月11日，孟买发生系列爆炸案。2006年7月11日晚，印度经济首都孟买发生系列铁路爆炸事件，造成至少200人死亡，另有625人受伤，爆炸实施者有蓄意破坏印巴关系之嫌。

2007年8月25日，印度恐怖袭击事件。2007年8月25日夜，印度南部安得拉邦首府海得拉巴发生4起恐怖爆炸，造成42人死亡，50多人受伤。印度中央情报机构和印度内政部以及当地警方均称，这是一起精心策划的恐怖袭击事件。

2007年，10月19日，巴基斯坦恐怖袭击事件。2007年10月19日，巴南部城市卡拉奇发生针对巴前总理、人民党主席贝·布托的爆炸袭击，共造成140多人死亡、500多人受伤，贝·布托本人安然无恙。

2007年12月11日，阿尔及尔汽车炸弹袭击事件。2007年12月11日，"伊斯兰马格里布基地组织"在阿尔及利亚首都阿尔及尔制造两起汽车炸弹袭击事件，其中一起发生在阿尔及利亚宪法委员会大楼附近，另一起在联合国难民事务高级专员公署和开发计划署驻阿尔及尔办事处旁边。两起爆炸共造成37人死亡，其中包括17名联合国工作人员和一名中国员工。

2008年11月26日晚，印度孟买连环恐怖袭击案。遇难者人

天平的砝码：当今世界军事热点

2006年7月11日晚，印度经济首都孟买发生系列铁路爆炸事件

数已上升至101人，其中包括6名外国人，袭击事件还造成287人受伤，多名外国人被恐怖分子扣为人质。被疑是伊斯兰武装分子的恐怖分子对孟买的多个目标发动了恐怖袭击，作案时使用了自动步枪、炸弹、手榴弹。

2008年11月，孟买袭击案现场

2009年8月19日，巴格达恐怖袭击事件。2009年8月19日，伊拉克首都巴格达发生两起爆炸事件，造成95人死亡，近600人受伤。这是2009年6月美军将安全责任移交给伊拉克安全部队以来，伊拉克遭受的最为惨烈的袭击。

第五节　恐怖主义的发展趋势

回顾近年来的各类袭击事件，不难发现，恐怖活动除了目的明确、组织严密、行动隐蔽、手段残忍等原有特点外，还出现了许多新趋势、新特点。

1. 策划袭击变得更专业

随着一些在阿富汗等战场上经过实战锻炼的人员涉足恐怖活动，使得恐怖组织实施袭击的计划越来越周密。

从2008年发生的恐怖袭击事件看，恐怖分子已经具备了策划实施大型、复杂恐怖袭击事件的能力。他们精心选择地铁、商业中心、学校、涉外机构，甚至军警等目标，在人员上下班、节假日等人流高峰时间进行袭击。确定袭击目标和时间后，恐怖分子再通过公开渠道和化装侦察等方式，搜集袭击目标具体翔实的信息，然后进一步制定周密的行动计划和展开准备，有时甚至还要组织相关行动人员进行反复演练，以提高成功率。

"基地"组织的训练手册就指出，通过公开发行的报纸、杂志和书籍，以及广播、电视、网络等媒体，可以搜集到被袭目标80%的信息。其中还明确要求：以旅游者的身份，用照相机、录像机拍摄目标图像，或以"观赏"的样子，观察目标结构和周围的防护及人员流动情况。例如，在2008年11月26日，在

举世震惊的孟买恐怖袭击案中,恐怖分子在几个月前就进行了准备,选择了泰姬玛哈和奥贝罗伊饭店、利奥波德咖啡馆等印度精英和外国人相对集中的地方作为袭击目标,并派出几个恐怖分子假装马来西亚的学生,租住在城里搜集各个目标的情报。行动中,恐怖分子不仅实施多点持枪袭击,而且采取了劫持人质、炸弹爆炸等多种方式,造成大量伤亡,被媒体称为孟买的"9·11"式恐怖大袭击。据一名事后被捕获的恐怖分子供述,他们掌握了泰姬玛哈饭店的安保防控漏洞,甚至对酒店内各个摄像头的位置都了如指掌,这就为成功实施恐怖袭击打下了基础。

2. 组织联系变得更紧密

随着国际社会反恐联盟的建立和扩大,恐怖分子意识到仅靠某一组织"单打独斗"难以与国际社会和当地政府抗衡,只有联合起来才能实现其目的。因此,一些恐怖组织纷纷采取各种方式加强勾连。

从近年来发生的绝大多数恐怖袭击事件,其特点、方式和手段都显现出"基地"组织的特征。可以推测,"基地"组织已经与一些极端组织建立起松散的联盟。恐怖组织的勾连主要表现在以下两个方面:一方面,共同筹划,联合实施。由于各种恐怖组织臭味相投,他们的一些计划往往一拍即合,可以配合实施。如2008年3月11日,在巴基斯坦东北部旁遮普省首府拉合尔,一名自杀式袭击者在联邦调查署大楼前引爆了装满炸药的汽车。同时,另一名袭击者驾驶一辆载有炸药的汽车,冲向一家广告公司的办公室随即引爆。事后调查发现实施袭击的恐怖分子背后有"基地"组织支持。另一方面帮助训练,技术支持。"基地"组织已经在阿富汗积累了丰富的训练经验。阿富汗战争后,"基地"组织在车臣、乌兹别克斯坦、格鲁吉亚、也门、苏丹、肯尼亚等一些地区开辟新的训练营地,帮助极端组织培养骨干分子。

3. 袭击方式变得更多样

从近年发生的恐怖袭击事件来看,恐怖活动的方式已从单一袭击向复合式袭击、连环袭击等多样化方法转变,在一个恐怖活动中,各类爆炸物和其他袭击手段并用,汽车炸弹、人体炸弹和武器袭击相结合,爆炸、偷袭、伏击、狙击等多种行动方法同时出现,并可能采取声东击西、袭点打援,以及预设伏击、运动伏击、引诱伏击、重叠伏击等多种战术手段,使对方防不胜防。如2008年下半年,塔利班残余势力从在主要城市实施自杀式袭击,转变为城市外围的伏击战,渗透于驻阿联军的部署之中,突然袭击对方,使其防不胜防。去年8月18日,法军第8伞兵团的巡逻队在阿富汗执行维和行动中,突然遭到3倍于己的塔利班武装伏击,巡逻队的通信兵、副指挥官、军医和当地翻译在第一时间被杀。由于失去这4名关键人员,巡逻队陷入混乱,结果造成巡逻队10人丧生,21人受伤。

4. 袭击手段变得更简便

恐怖分子使用的袭击手段正变得越来越简单,袭击造成的影响和后果却越来越严重。在伊拉克和阿富汗,恐怖分子使用废旧炮弹、自制炸药等简易器材制作路边炸弹,给美军和政府军造成了严重伤亡。例如伊拉克的恐怖分子研制出了会飞的路边炸弹。这种炸弹的制作非常简单,其主体是用燃气罐等圆柱体容器装满带引信的爆炸物,由很容易找到的107毫米火箭弹的推进器提供动力。这种炸弹只要放置在简易导轨上调整好角度,即可通过定时装置发射。再如2008年11月26日，印度孟买恐怖袭击中，恐怖分子采用AK-47步枪和手榴弹，对豪华酒店、知名餐厅、医院等7个人群密集的目标实施了大屠杀。一些反恐专家分析认为，虽然这次袭击的策划很复杂，但是仍显示出恐怖分子正在"回归基本方式"。